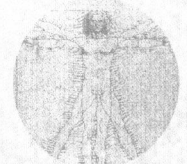
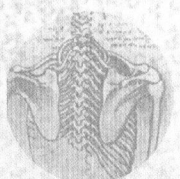

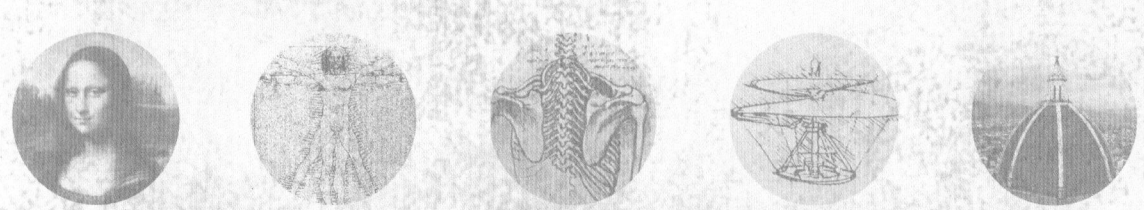

닮고 싶은 창의융합 인재 **1**

레오나르도 다빈치

닮고 싶은 창의융합 인재
1 레오나르도 다빈치

1판 1쇄 발행 2016년 2월 25일
1판 2쇄 발행 2017년 6월 30일

신은경 글 | 끌레몽 그림 | 손영운 기획 | 와이즈만 영재교육연구소 감수

발행처 와이즈만 BOOKs
발행인 임국진
편집인 염만숙
출판문화사업본부장 홍장희
편집 이선아 오성임 서은영 허선영
디자인 D_cause
제작 김한석
마케팅 김혜원 김수정 유병준

출판등록 1998년 7월 23일 제22-1334
사용연령 8세 이상
제조국 대한민국
주소 서울특별시 서초구 남부순환로 2219 방배나노빌딩 3층
전화 마케팅 02-2033-8987   편집 02-2033-8928
팩스 02-3474-1411
전자우편 books@askwhy.co.kr
홈페이지 books.askwhy.co.kr

저작권자ⓒ2016 신은경 끌레몽 손영운
이 책의 저작권은 신은경, 끌레몽, 손영운에게 있습니다.
저자와 출판사의 허락 없이 내용의 일부를 인용하거나 발췌하는 것을 금합니다.

이 도서의 국립중앙도서관 출판시도서목록(CIP)은 서지정보유통지원시스템 홈페이지
(http://seoji.nl.go.kr)와 국가자료공동목록시스템(http://www.nl.go.kr/kolisnet)에서
이용하실 수 있습니다. (CIP제어번호 : CIP2016000810)

닮고 싶은 창의융합 인재 1

레오나르도 다빈치

글 신은경 | 그림 끌레몽 | 기획 손영운
감수 와이즈만 영재교육연구소

추천의 말

미래의 창의융합 인재들에게 이 책을 추천합니다!

여러분들은 10년 후, 20년 후에 어떤 세상에서 살게 될까요?
사실 어른들도 정확한 답을 알지 못한답니다. 하지만 창의융합 능력을 가진 인재는 미래가 어떻게 변하더라도 이를 슬기롭게 헤쳐 나가는 것은 물론, 오히려 앞장서서 변화를 만들어 나갈 수 있습니다.

창의융합 능력은 다양한 지식과 정보, 경험을 두루두루 활용하여 창의적으로 문제를 해결해 내는 능력입니다. 이런 능력을 키우는 창의융합 인재 교육을 충실히 받고, 스스로 문제 해결을 하는 경험을 쌓아 간다면 어른이 되어서 만나게 될 더 크고 복잡한 문제도 훌륭하게 해결하게 될 것입니다.

여러분이 창의융합 인재로 성장하는 데 꼭 읽어 보라고 추천하고 싶은 책이 있습니다. 바로 와이즈만북스에서 펴낸 〈닮고 싶은 창의융합 인재〉 시리즈입니다. 이 책은 어떤 사람이 내가 본받을 만한 창의융합 인재인지, 어떻게 하면 창의융합 인재가 될 수 있는지 차분히 생각해 볼 수 있도록 주인공의 일생을 한 권에 담아 매우 자세하고 흥미진진하게 이야기를 들려주고 있습니다.

창의성과 융합 능력의 원동력은 호기심이라 할 수 있습니다. 여러분들은 다방면에 호기심을 갖고 다양하게 융합해 보는 시도를 두려워하지 마세요. 또한 앞선 시대에서 호기심과 창의성, 융합 능력을 실천하고 성과를 보여 준 위인들의 삶을 보면서 여러분의 꿈을 키워 보세요. 그리고 여러분이 가진 상상력을 마음껏 표현하고 펼쳐 보이세요. 왜냐하면 여러분이 바로 미래의 창의융합 인재니까요.

한국과학교육단체총연합회 회장 최돈희

이 책이 여러분의 멘토가 되어 드립니다

최근 우리나라 교육의 화두는 '창의융합 인재'입니다. 하지만 그 의미가 다소 추상적이어서 과연 누가 창의융합 인재이고, 그 능력을 갖추려면 어떤 노력을 해야 할지 모호한 게 사실입니다. 이것에 대한 방향을 명쾌하고 구체적으로 제시해 주는 책이 바로 〈닮고 싶은 창의융합 인재〉 시리즈입니다.

여러분이 창의융합 인재가 되기 위해서는 먼저 창의융합 인재로 우뚝 선 사람들의 삶과 태도를 면밀히 살펴보는 것이 중요합니다. 그런 다음 자신의 강점과 호기심을 발견하고 인재들의 삶에서 본받을 점을 적용하는 것입니다. 〈닮고 싶은 창의융합 인재〉 시리즈는 어린이들의 멘토가 되어 꿈과 가치관 그리고 생활 습관을 스스로 정하고 실천할 수 있도록 돕는 책입니다.

이 시리즈는 인물의 일생을 연대순으로만 나열하는 기존의 위인전과는 다르게, 창의융합적 특성과 핵심 키워드에 따라 주제별로 인물의 일대기를 재구성했습니다. 익숙한 위인을 새로운 시각으로 바라보고, 생각의 자취를 따라 그들의 머릿속으로 들어가 볼 수도 있고, 위대한 업적이 하루아침에 된 게 아니라는 것을 깨달을 수 있습니다. 아울러 한국사·세계사와 함께 보는 연표, 화보로 보는 창의융합 인재 특성, 재미있는 연관 정보, 당대의 주변 사람들의 인물평과 현대에 이어진 영향 등을 다룬 에필로그까지, 읽을거리가 풍성해 역사와 사회를 이해하는 것은 물론 자기계발의 촉진제가 되기에 충분합니다.

이 책을 읽고 많은 친구들이 창의융합 인재들의 삶 속에서 닮고 싶은 점들을 찾아 '내 것'으로 만들기를 바랍니다.

와이즈만 영재교육연구소 소장 이미경

기획자의 말

미래가 원하는 진짜 실력자는 '창의융합 인재'입니다!

오른쪽 사진은 2010년, 스티브 잡스가 아이패드를 세상에 처음 소개하는 장면입니다. 그런데 대형 스크린을 채운 이정표에 새겨진 'Technology(기술)'와 'Liberal Arts(인문학)'이라는 글이 눈에 띕니다. 잡스는 아이패드라는 첨단 전자 제품을 소개하는 자리에서 왜 '인문학'이라는 용어를 사용했을까요? 그가 나중에 했던 말을 살펴보면 그 이유를 알 수 있습니다.

"인문학과 결합한 기술, 인간애가 반영된 기술이어야 가슴을 울리는 결과를 만들어 낸다."

오늘날 우리는 잡스가 만든 아이패드와 아이폰으로 철학 강의를 듣고, 소설책을 보고, 클래식 음악을 감상하고, 영화를 봅니다. 그리고 가상 세계에서 친구를 만나 우정을 나누고 연인과 사랑의 약속을 합니다. 잡스의 말대로 아이패드와 아이폰이라는 기술은 온갖 인문학을 담아냈고, 덕분에 우리는 현실과 상상이 마음껏 어울리는 가상 세계를 갖게 되었습니다.

잡스처럼 두 분야 이상을 접목시켜 새로운 것을 창조하는 것을 '창의융합'이라고 합니다. 잡스는 가장 성공적으로 '창의융합'을 하여 사람들에게는 새로운 미래를 보여 주었고, 자신은 큰 명예와 부를 얻었습니다.

앞으로 잡스처럼 '창의융합 정신'이 충만한 사람, 즉 '창의융합 인재'들이 인류의 현재와 미래를 이끌어 나갈 게 분명합니다. 그래서 많은 나라에서 교육의 목표를 창의융합 인재의 양성으로 잡고 있고, 우리나라도 그렇게 나아가고 있습니다.

정부는 '모든 학생들이 인문·사회·과학 기술에 대한 기초 소양을 함양하여 인문학적 상상력과 과학 기술 창조력을 갖춘 창의융합형 인재로 성장할 수 있도록 우리 교육의 근본적인 패러다임을 전환하고자' 2015 개정 교육 과정을 발표했습니다. 그러면서 '창의융합형 인재'를 '인문학적 상상력', '과학 기술 창조력'을 갖추고 '바른 인성'을 겸비하여 '새로운 지식을 창조'하고 '다양한 지식을 융합'하여 '새로운 가치를 창출'할 수 있는 사람으로 정의했습니다.

정부에서 교육의 목표로 제시한 '창의융합형 인재'란 어떤 사람일까요? 이를 어린이들이 이해하기 쉽게 알려 주는 책이 바로 〈닮고 싶은 창의융합 인재〉 시리즈입니다.

〈닮고 싶은 창의융합 인재〉 시리즈는 레오나르도 다빈치, 벤저민 프랭클린, 셰익스피어, 세종대왕, 토머스 제퍼슨, 정약용, 미켈란젤로, 괴테, 뉴턴, 아인슈타인 등 인류 역사에서 가장 창의 융합적인 인물로 인정받은 10명의 인물의 삶을 보여 줍니다. 이들이 어떤 생각을 하고, 어떤 꿈을 가지고, 어떤 행동을 하며 살았기에 세상 사람들이 이들을 창의융합 인재로 평가했을까요? 이 시리즈에 그 답이 있습니다.

어린이들이 살아갈 세상은 현재가 아니라 미래입니다. 미래는 지식 창조의 시대로 자신만의 창의적이고 융합적인 콘텐츠를 가지고 있어야 힘을 가지고 앞서 나아갈 수 있습니다. 실제로 지금도 구글이나 페이스북과 같은 세계적인 기업에서는 학교 성적보다는 자신만의 콘텐츠를 가진 사람을 높이 평가합니다.

미래가 원하는 진짜 실력을 갖춘 창의융합 인재가 되기를 바란다면 이 책이 바로 그 시작입니다.

손영운

작가의 말

최고의 호기심쟁이 레오나르도 다빈치를 소개합니다!

인류 역사상 최고의 천재는 누구일까요? 세계적 과학 잡지인 〈네이처〉는 인류 역사를 바꾼 세계 10대 천재를 발표했는데, 500년 전에 살았던 레오나르도 다빈치를 최고의 천재로 뽑았어요.

다빈치는 '모나리자'를 그린 화가가 아니냐고요? 맞아요. 그런데 어째서 과학자라 불리는 수많은 천재들을 제치고 화가인 다빈치가 최고의 천재로 뽑혔을까요? 〈네이처〉는 과학이라는 한 분야에서만이 아닌, 얼마나 많은 분야에서 업적을 남겼는지를 천재의 기준으로 삼았어요. 다빈치는 최고의 천재라는 말에 부끄럽지 않게 누구보다도 여러 분야에서 재능을 발휘했어요. 회화, 해부학, 동물학, 식물학, 군사 공학, 건축학, 천문학, 의상 디자인, 무대 디자인, 축제 기획, 철학, 수학, 요리 등 거의 모든 영역에 관심을 가지고 몰두했지요. 그야말로 '만능인'이라는 말에 딱 어울리는 사람이었어요. 어쩌면 다빈치는 역사상 최고 천재이기에 앞서, 역사상 가장 치열하게 호기심에 불타올랐던 사람이었을지도 몰라요.

또한 다빈치는 미술과 함께 예술의 쌍두마차를 이루는 음악에도 뛰어났어요. 음악가로 활동하면서 악기를 만들고, 작사와 작곡을 했으며, 직접 노래도 불렀어요. 솜씨 좋은 연주와 감미로운 목소리로 많은 이들에게 사랑을 받았지요. 물론 그의 잘생긴 얼굴도 한몫했을 거예요. "외모가 얼마나 수려한지 다빈치를 보기만 해도 슬픔이 사라졌다."라고 말하는 사람까지 있었으니까요. 남다른 패션 감각을 지닌 다빈치는 거울과 빗을 언제나 들고 다녔고, 싱싱한 장미로 직접 향수를 만들어 뿌렸어요. 물감을 만져야 했지만 그의 손은 언제나 깨끗했지요. 한마디로 다빈치는 장미 향기가 나는 꽃미남이었어요. 다빈치가 요즘 시대에 태어났다면 아마도 수많은 오빠 부대를 거느린 슈퍼스타가 됐을지도 몰라요.

학문적 재능, 예술적 재능, 그리고 아름다운 외모! 한 인간에게 이렇게 많은 능력을 몰아주다니 너무 불공평하지요? 요즘 말로 하면, "엄마 친구 아들", 즉 '엄친아'라고나 할까요? 어느 것 하나 부족하지 않은 다빈치라서 그런지 엄마의 허풍 속에서만 존재하는 '엄친아'처럼 실제로 존재했다는 게 믿어지지 않는 게 사실이에요.

그러나 다빈치는 오늘날의 기준으로 보면 인생의 출발부터 참으로 불리했어요. 사생아였기 때문에 직업을 선택할 수도, 훌륭한 교육을 받을 수도 없었어요. 다빈치는 14살이 되도록 지식이 거의 없었어요. 견습생이 된 후에도 대학은커녕 학교 교육 자체를 받아본 적이 없지요. 그리고 젖을 뗀 이후로 부모 중 어느 한 사람과도 제대로 살아본 적이 없어요. 안아줄 힘도 없는 할아버지, 할머니 손에서 다빈치는 어린 시절을 보내야 했어요. 그래서 그리움과 외로움이 늘 그의 가슴 깊은 곳에 자리하고 있었지요.

외모와 재능을 타고났을지는 모르지만 다빈치를 역사상 위대한 천재로 만든 것은 결국 그의 노력이었던 거예요. 다빈치가 호기심을 해결했던 방식은 책을 읽거나 질문을 던지면서 닥치는 대로 지식을 쌓는 것뿐이었지요. 그는 은수저를 물고 태어난 타고난 천재가 아니라 맨 몸뚱이로 자신과 시대의 한계를 뛰어넘은 노력가였던 거예요. 이 책은 그래서 천재 다빈치가 아닌 인간 다빈치에 대해서 말하고 있어요. 자, 우리 함께 인간 다빈치를 만나볼까요?

신은경

차례

한국사·세계사와 함께 보는 다빈치 일생 … 12
다빈치가 들려주는 창의융합 인재상 … 14

1 남모르는 가치를 발견하는 눈
새로운 화가의 길을 개척하다
자연에서 키운 관찰력 … 20
그림을 향한 첫발 … 29
아버지를 놀라게 한 그림 … 36
스승의 그림자를 뛰어넘다 … 40

2 인문학적 상상력을 키워 준 독서의 힘
책에서 발견한 문화적 충격과 학문적 자극
새로운 문화의 바람, 르네상스 … 52
또 다른 스승, 알베르티 … 61
대성당 꼭대기에 청동 구를 얹다 … 70
메디치 가문의 도서관 … 74

3 다양한 지식을 융합한 예술성
화가는 만능인이어야 한다
교양 지식이 필요해 … 84
밀라노에서 류트를 켜다 … 96
〈최후의 만찬〉을 그리다 … 102
신비로움을 머금은 〈모나리자〉 … 112

4 자연에서 배운 바른 인성
사랑과 배려심이 많은 인간 다빈치

모든 생물은 고통을 느낀다 … 120
스스로 택한 채식주의자의 삶 … 126
천사의 얼굴을 한 악동 … 132
어머니와의 짧은 만남 … 138

5 새로운 지식을 창조한 노력
의학과 예술을 융합하다

해부학 실습의 신선한 충격 … 148
벌거벗은 남자들의 전투 … 153
몰래 해부를 시작하다 … 159
밤마다 '뼈들의 뜰'을 가다 … 164

6 과학 기술을 결합시킨 창의력
끝없는 호기심과 실험 정신의 화가

다빈치, 과학에 눈뜨다 … 176
군사 공학자 다빈치 … 181
포기하지 않았던 하늘을 나는 꿈 … 186
다빈치의 비밀 노트 … 193

다빈치에 대한 사람들의 평가

다빈치는 어떤 사람이었을까? … 202

이 책에 실린 도판들 … 204

한국사·세계사와 함께 보는 다빈치 일생

1452년 이탈리아의 빈치에서 태어나다.
1466년 피렌체에 있는 베로키오의 공방에 견습 화가로 입문하다.
1472년 보티첼리와 함께 화가 협회의 회원이 되다.
1473년 첫 번째 작품으로 알려진 풍경화 〈산타 마리아 델라 네베〉를 그리다.

1482년 밀라노로 가서 스포르차 공작의 궁정에서 일하기 시작하다.
1486년 〈바위 동굴의 성모〉를 완성하다.
1486년 인간의 비행에 대한 연구를 시작하다.
1489년 해부학을 연구하다.
1490년 〈흰 담비를 안고 있는 여인〉을 그리다. 자코모(살라이)를 제자로 받아들이다.

화가로 입문
제1의 피렌체 시대

르네상스 인으로 거듭남
제1의 밀라노 시대

1475년 〈그리스도의 세례〉를 완성하다.
1475년 〈수태고지〉를 완성하다.
1480년 〈지네브라 데 벤치의 초상화〉를 완성하다.
1481년 〈성 히에로니무스〉와 〈동방박사의 경배〉를 그리다(미완성).

1492년 비행 기계를 설계하다.
1493년 스포르차의 말을 탄 거상을 제작하다.
1494년 여러 형태의 공격에 대한 방어 방법을 연구하다.
1496년 유클리드 기하학을 연구하는 수학자 루카 파치올리를 만나다.
1498년 두 번째 〈바위 동굴의 성모〉를 완성하다.
1498년 〈최후의 만찬〉을 완성하다.
1500년 〈성 안나와 성 모자〉의 밑그림 제작을 시작하다.

한국에서는　1446년 세종대왕이 훈민정음을 반포하다.　　　1485년 성종이 〈경국대전〉을 완성하다.
세계에서는　1455년 구텐베르크가 서양 최초로 책을 인쇄하다.　　1492년 콜럼버스가 서인도 제도에 도착하다.

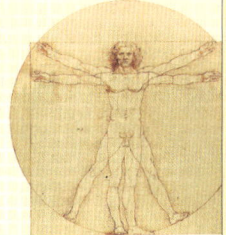

1506년 밀라노로 돌아가다.
1507년 소송 때문에 피렌체에 머무는 동안 시체를 해부하다.
1509년 루카 파치올리의 《신성한 비례》에 삽화를 그리다.

1500년 밀라노를 떠나 피렌체로 돌아가다.
1502년 체사레 보르지아로부터 군사 기술자 직책을 맡다.
1502년 무기 설계와 지형도를 그리다.
1503년 〈앙기아리 전투〉를 그리기 시작하다.

1513년 로마 교황 레오 10세의 후원을 받기 위해 로마로 가다. 자화상을 그리다.
1515년 프랑스의 프랑수아 1세의 국가 통합을 위해 기계 사자를 제작하다.

융합 연구 심화
제2의 피렌체 시대

과학 연구 빛남
제2의 밀라노 시대

궁정에서 생을 마감
앙부아즈 시대

1503년 〈모나리자〉를 그리기 시작하다.
1505년 비행하는 새와 비행 기계의 설계, 기하학을 연구하다.

1509년 해부학 연구에 본격적으로 착수하다.

1516년 앙부아즈에 있는 프랑수아 1세의 궁정으로 가다.
1517년 로모랑탱의 궁전을 설계하다.
1519년 프랑스에서 사망하다.

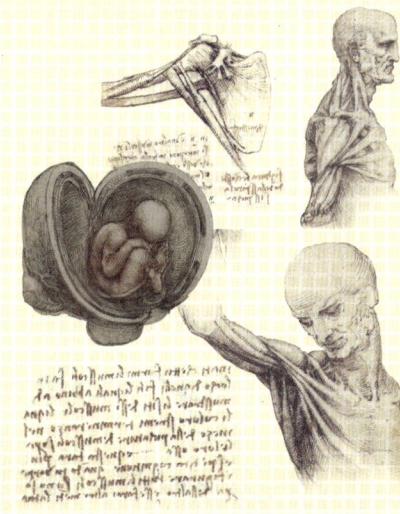

1506년 연산군이 폐위되고 중종이 즉위하다.
1519년 기묘사화로 조광조가 사약을 받고 죽다.
1517년 루터의 종교 개혁이 일어나다.
1519년 마젤란이 세계 일주를 시작하다.

다빈치가 들려주는 창의융합 인재상

레오나르도 다빈치는 화가로 출발했지만 수학, 천문학, 물리학, 식물학, 해부학, 기계, 음악 등 방대한 분야를 연구해 큰 업적을 남겼어요. 그래서 사람들은 다빈치를 역사상 가장 창의적인 인물이라 부르지요. 뛰어난 천재라고만 불렸던 다빈치는 최근에는 모든 분야에 통달한 창의융합 인재의 모범으로 다시 주목받고 있어요. 다빈치가 창의융합 인재로 우뚝 서기까지 어떤 단계를 밟았는지 살펴볼까요?

남모르는 가치를 발견하는 눈

내가 살던 시대에는 화가라는 직업을 낮게 평가했어요. 당시에는 화가가 아름다운 예술 작품을 만들어 내는 예술가가 아니라 물건을 생산하는 수공업자에 불과했지요. 하지만 나에게 화가는 자연과 가장 닮은 창조적인 일을 하는 직업이었어요. 그래서 선배 화가들이 걸었던 길에 만족하지 않고 스스로의 가치를 높이며 새로운 화가의 상을 만들고자 했지요.

인문학적 상상력을 키워 준 독서의 힘

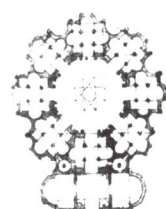

나는 책을 좋아하는 책벌레였어요. 책을 읽으며 고대인들이 들려주는 철학과 신화, 인문학에 흠뻑 빠졌지요. 인문 고전은 나를 철학적 사고로 이끌었고, 연구와 학문의 깊이를 더해 주었어요. 또한 나를 끊임없이 자극해 남들이 생각하지 못한 미래로까지 상상의 나래를 펼치도록 도와주었고, 다양한 분야에서 업적을 이룰 수 있게 든든한 바탕이 되었지요. 책을 통해 얻은 지식과 감동은 나의 작품들 속에 고스란히 담겨 있어요.

다양한 지식을 융합한 예술성

세상에서 가장 유명한 그림이라 불리는 〈모나리자〉와 가장 훌륭한 그림이라 불리는 〈최후의 만찬〉은 나의 대표 작품이에요. 이 두 작품은 철학, 수학, 해부학, 광학 등 여러 분야에 대한 폭넓은 지식이 있었기에 탄생할 수 있었어요. 다양한 지식이 하나로 융합되어 예술성을 높이는 결과로 이어진 거예요.

자연에서 배운 바른 인성

나는 외로운 천재이기보다 친구들이 부담 없이 찾을 수 있는 마음 편한 사람이기를 바랐어요. 나는 신분과 빈부를 가리지 않았고, 자연과 동물을 평생 사랑하고 소중하게 여겼지요. 내가 하는 창조적인 작업들 속에는 자연에 대한 깊은 존경과 사랑이 깔려 있어요.

새로운 지식을 창조한 노력

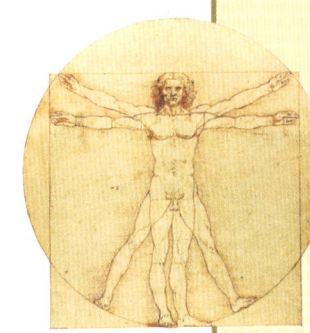

나는 인간의 몸을 이해하는 것이 자연의 원리를 이해하는 것과 같다고 생각했어요. 그래서 해부학에 무척이나 열중했지요. 자연에 대한 이해와 지식이 뒷받침되지 않고는 결코 위대한 예술 작품이 탄생할 수 없기 때문이었어요.

나는 도전을 즐겼고 여기서 얻은 경험과 지식을 융합해 새로운 지식을 창조하는 데 기쁨을 느꼈어요.

과학 기술을 결합시킨 창의력

내가 활동하던 15세기는 르네상스가 싹을 틔우던 시기였어요. 하지만 중세적 세계관에서 완전히 벗어난 것은 아니었기에, 사람들은 여전히 기독교 교리에 집착하고 있었어요. 자연에 대한 지식도 아직 고대의 학자들이 이룩한 수준을 넘어서지 못했어요. 이러한 시기에 나는 자연의 원리에 접근하고자 꾸준히 관찰하고 연구했지요. 나를 화가에서 과학자의 길로 이끈 것은 지식에 대한 끈질긴 호기심과 인내심, 투철한 실험 정신이었어요.

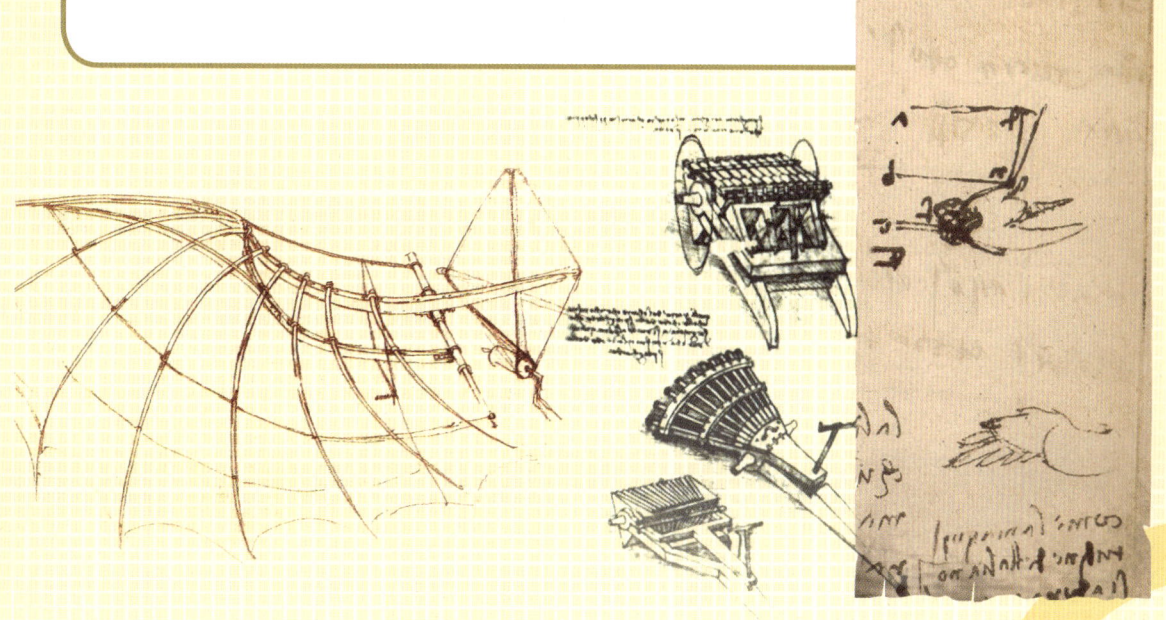

- 자연에서 키운 관찰력
- 그림을 향한 첫발
- 아버지를 놀라게 한 그림
- 스승의 그림자를 뛰어넘다

남모르는 가치를 발견하는 눈

새로운 화가의 길을 개척하다

1

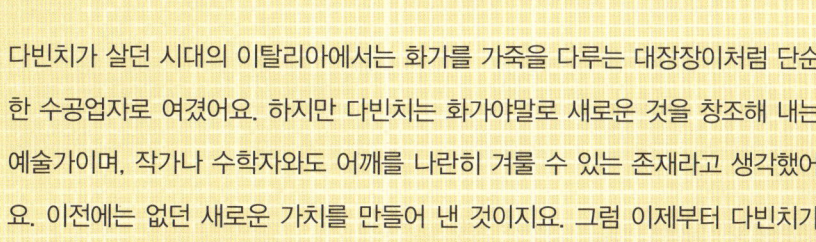

다빈치가 살던 시대의 이탈리아에서는 화가를 가죽을 다루는 대장장이처럼 단순한 수공업자로 여겼어요. 하지만 다빈치는 화가야말로 새로운 것을 창조해 내는 예술가이며, 작가나 수학자와도 어깨를 나란히 겨룰 수 있는 존재라고 생각했어요. 이전에는 없던 새로운 가치를 만들어 낸 것이지요. 그럼 이제부터 다빈치가 어떻게 해서 기존의 가치를 바꾸고 위대한 화가가 되었는지 알아볼까요?

자연에서 키운 관찰력

레오나르도 다빈치는 1452년 이탈리아 피렌체의 북서쪽에 위치한 시골 마을 '빈치'에서 태어났어요. 다빈치 집안은 대대로 공증인의 직업을 이어 가며 빈치에서 중산층으로 존경을 받고 있었어요. 다빈치의 아버지도 법적인 문서들을 작성하고 증명해 주는 공증인이었는데, 그 당시 잘나가고 있었어요.

다빈치가 태어난 작고 조용한 빈치 마을

다빈치의 아버지는 빈치 마을의 최고 미인이던 어머니와 사랑에 빠졌지만, 신분이 낮은 농사꾼의 딸과 정식으로 결혼할 수 없었지요. 그래서 다빈치는 정식으로 결혼하지 않은 부모님 사이에서 태어난 사생아가 되고 말았고, 이것은 다빈치에게 평생의 걸림돌이 되었지요.

다빈치가 어린 시절에 살았던 집

그 당시에는 사생아가 대학 같은 고등 교육을 받는 것도, 좋은 직업을 갖는 것도 법으로 금지했어요. 다빈치가 정식 아들로 태어났다면 당연하게 걸어갔을 공증인의 길도 허락되지 않았어요. 다빈치가 선택할 수 있는 길은 별로 없었어요. 당시 많은 사생아 소년들처럼 재능에 관계없이 군대를 가거나 장사를 배우는 수밖에 없었지요.

아버지는 다빈치가 태어나던 해에 부유한 집안의 아가씨와 결혼해 피렌체에 공증인 사무실을 열었어요. 어머니도 어린 다빈치를 할아버지 집으로 보내고 이웃 마을로 시집을 갔지요. 어린 손자를 떠맡은 할아버지, 할머니는 기운 넘치는 사내아이를 키우기에는 나이가 너무 많았어요. 결국 다빈치를 돌보는 일은 프란체스코 삼촌의 몫이었지요.

삼촌은 다빈치보다 열여섯 살 위로, 땅을 사랑하는 농부였어요. 평생을

땅을 일구며 올리브와 밀과 포도를 수확했어요. 소박하고 조용한 성격의 삼촌은 다빈치를 아끼고 사랑했어요. 다빈치도 가끔 보는 아버지보다 삼촌을 더 좋아했어요. 어머니의 품이 그리울 나이였지만, 어머니는 다빈치를 찾아볼 여유가 없었어요. 결혼하자마자 딸 넷과 아들 하나를 줄줄이 낳고 새로운 가정을 꾸려 가느라 다빈치에게 시간을 내기 힘들었지요.

"프란체스코! 레오나르도! 두 녀석 다 어디로 사라진 거냐? 삼촌이나 조카나 똑같으니, 원."

멀리서 할아버지의 혀 차는 소리가 들려왔어요. 다빈치와 삼촌은 한가로이 언덕의 풀밭에 누워 흘러가는 구름을 쳐다보고 있었어요. 다빈치의 얼굴을 슬쩍 간질이고 달아난 바람이 구름을 뭉쳤다 흩뜨렸다 하곤 했지요.

어린 시절부터 자연은 다빈치에게 최고의 놀이터이자 최초의 실험실이었어요. 다빈치는 자연 앞에 서면 언제나 호기심이 샘솟았지요. 그런 다빈치에게 호기심을 심어 준 이는 프란체스코 삼촌이었어요. 자연을 벗하며 사는 삼촌의 소박한 삶은 다빈치에게 그대로 영향을 끼쳤지요. 다빈치는 삼촌을 도와 농장의 허드렛일을 하거나 시원한 바람이 부는 언덕이나 들을 걸으며 삼촌과 많은 시간을 보냈어요. 특히 삼촌과 함께하는 산책은 무척 즐거웠지요.

삼촌은 다빈치에게 산과 들에 핀 꽃과 풀들의 이름을 가르쳐 주었고, 비를 몰고 오는 구름이 뭉게구름과 어떻게 다른지도 알려 주었어요. 길을 걷다가 약초를 발견할 때면 어디에 좋은지도 자세히 설명해 주었어요. 그뿐만 아니라 다빈치가 쉬지 않고 쏟아 내는 질문에도 얼굴 한 번 찡그리지 않고 친절하게 대답해 주었어요. 다빈치는 삼촌을 통해 자연에 대한 사랑을 배워 갔지요.

"삼촌, 알고 있었어? 모두가 잠든 밤이면 별님이 포도밭으로 내려와 노는 걸 말이야."

다빈치의 말에 삼촌이 고개를 갸우뚱했어요. 언제나 엉뚱한 생각을 하는 아이이긴 했지만 무슨 뜻으로 하는 말인지 이해가 안 되었지요. 다빈치는 삼촌의 표정을 보고는 답답하다는 듯 말을 이었어요.

"어젯밤에 내가 봤단 말이야. 오줌이 마려워 깼다가 창문 밖을 보고 깜짝 놀랐지 뭐야. 포도밭 위로 별들이 반짝반짝 날아다니고 있었거든."

"푸하하하, 무슨 말인지 알겠다. 별님이 놀러 왔다고?"

삼촌은 배꼽을 잡으며 깔깔댔어요. 너무 웃어서 눈꼬리에 눈물방울까지 맺혔지요.

"레오나르도, 그건 별님이 아니라 반딧불이라는 벌레야. 밤마다 포도밭 위를 날아다닌단다."

"반딧불이? 그렇게 신기한 벌레가 있어? 불이 붙었는데도 안 죽어?"

"불붙은 게 아니라, 짝을 찾기 위해 배 끝에 있는 발광기에서 빛을 내는 거야. 수컷한테는 두 개의 발광기가 있고 암컷한테는 한 개가 있단다."

"대단해! 삼촌, 오늘 밤 나하고 당장 반딧불이 잡으러 가자."

"반딧불이는 잡아서 뭐하게?"

"잔뜩 잡아서 할머니가 주신 유리병 안에 넣을 거야. 그럼 초를 켜지 않고도 방 안을 환하게 밝힐 수 있잖아."

다빈치의 눈은 기대감으로 반딧불이처럼 반짝였어요. 삼촌은 흔쾌히 허락했지요. 그날부터 삼촌과 조카는 밤마다 반딧불이를 잡으러 다녔어요. 다빈치는 빛을 내는 이 신기한 곤충을 질릴 때까지 관찰했지요.

곤충은 신비해!

다빈치의 호기심은 곧 반딧불이에서 죽은 동물로 옮겨 갔어요. 햇볕에 바짝 마른 개구리를 주워 온 뒤로는 죽은 잠자리나 메뚜기를 모아 상자에 보관하기도 했어요. 한 번은 무심코 다빈치의 보물 상자를 열어 본 할머니가 소스라치게 놀라 엉덩방아를 찧은 적도 있었지요.

빈치 마을에는 다빈치의 호기심을 잡아끄는 것이 얼마든지 있었어요. 어떤 날은 포도밭에 사는 도마뱀을

꼭 잡고 말 테야!

잡겠다고 헐레벌떡 쫓아다니고, 또 다른 날은 하루 종일 꼼짝하지 않고 앉아 자기 몸의 몇 배나 되는 먹이를 물고 가는 개미를 지켜보기도 했어요. 그리고 개구리는 얼마나 멀리 뛸 수 있는지, 새는 어떻게 날갯짓을 하는지 열심히 관찰하고는 삼촌에게 쪼르르 달려가 새로 알아낸 것을 신나게 재잘거렸지요.

프란체스코 삼촌은 다빈치의 첫 번째 스승이기도 했어요. 다빈치에게 읽고 쓰는 법을 가르쳐 주었고, 숫자를 더하고 빼는 방법도 알려 주었지요. 어느 날은 종이를 가지런히 묶어 스케치북을 만들어 주었어요. 종이가 귀하던 시절이었지만, 공증인 집안이라 종이를 구하기가 어렵지 않았지요. 다빈치는 그 스케치북을 손에서 놓지 않고 언제나 들고 다녔어요.

다빈치가 열네 살 되던 해였어요. 스케치북을 다 쓴 다빈치는 삼촌에게 새로 하나 만들어 달라고 졸랐어요.

"얼마 안 된 것 같은데, 그새 벌써 다 썼니? 집에 있는 종이는 이미 다 썼는데 어쩌지? 형님이 오셔야 종이를 구할 수 있을 텐데……."

삼촌의 말에 다빈치는 시든 꽃처럼 축 처졌어요. 삼촌은 다빈치의 기분을 풀어 주기 위해 다 쓴 스케치북을 보여 달라고 했지요.

"어디, 우리 꼬마 화가님 솜씨 좀 볼까?"

다빈치가 그린 곰(1480년경)과 꽃(1482년경) 스케치

다빈치가 내민 스케치북을 본 삼촌은 깜짝 놀랐어요. 종이를 아끼기 위해 앞 뒤 할 것 없이 그림으로 빼곡했어요. 날아가는 잠자리, 폴짝폴짝 뛰어가는 개구리, 흐드러지게 핀 들꽃, 쪼글쪼글한 포도송이, 어슬렁거리고 있는 멧돼지, 도토리를 갉아먹는 다람쥐 등 스케치북에는 식물과 동물들로 가득했지요. 그리고 무엇보다도 실물을 보는 것 같은 그림 솜씨가 예사롭지 않았어요.

"정말 놀랍구나. 그림을 배운 것도 아닌데, 이렇게나 잘 그리다니!"

"열심히 관찰하고 똑같이 그리려고 힘쓰다 보니 저절로 솜씨가 늘었어. 그런데 아무리 노력해도 내 마음에 꼭 들게 그릴 수가 없어."

다빈치는 얼굴을 찌푸리며 뿌루퉁하게 말했어요. 삼촌은 다빈치의 말이 선뜻 이해되지 않았어요.

"네가 그린 들꽃이나 다람쥐는 살아 있는 것처럼 생생한데, 무슨 말이니?"

다빈치는 답답하다는 듯 깊은 한숨을 내쉬고는 그림을 하나하나 손가락으로 짚어 가며 설명했어요.

"이 들꽃에서는 향기가 느껴지지 않잖아. 그림을 그릴 때 얼마나 그 향기가 좋았는데……. 그리고 다람쥐도 이런 표정이 아니었어. 도토리를 열심히 갉아먹을 때의 부산스런 움직임이 느껴지지 않잖아."

"그런 생각까지 할 줄은 몰랐구나, 레오나르도. 나처럼 농부가 되기에는 참으로 아까운 솜씨야. 뭔가 좋은 수가 없을까……."

곰곰이 생각하던 삼촌은 얼마 뒤 다빈치의 아버지가 오자 스케치북을 보여 주었어요. 깜짝 놀란 아버지가 다빈치를 불렀지요.

다빈치는 일 년에 몇 번밖에 볼 수 없는 아버지가 낯설고 어려웠어요. 그래서 굳은 얼굴로 쭈뼛쭈뼛 다가갔지요.

"레오나르도, 삼촌이 네 그림을 보여 줬단다. 정말 솜씨가 좋더구나. 그림 그리는 게 그렇게 좋으냐?"

그림 이야기에 굳었던 다빈치의 얼굴이 활짝 펴졌어요.

"네……. 무언가를 관찰하고 그것을 종이에 옮기는 게 무척 즐거워요. 새로운 것을 창조하는 것처럼 흥분되거든요."

다빈치는 두 손을 꼭 모으고는 눈을 빛내며 말했지요.

"그럼 화가가 되고 싶은 거냐? 네가 앞으로 무슨 일을 하고 싶은지 알고 싶구나. 많이들 군대에 들어가니까, 너도 그렇게 하거나 삼촌의 뒤를 이어 농사를 지을 거라 생각했단다."

"저는 군인이 되고 싶지 않아요. 화가가 되고 싶어요. 그런데 화가가 되려면 어떻게 해야 하죠?"

당시에는 화가가 되려면 화가 밑에서 견습생으로 일하며 배워야 했어요. 아버지는 그림에 대해서는 잘 몰랐지만, 시골 마을에서 묵히기에는 다빈치의 재주가 아깝다고 판단했어요. 또 다빈치가 원하는 일을 하게 해 주고 싶었지요. 그래서 다빈치의 스케치 가운데 잘된 것들만 모아서 피렌체의 유명한 화가 베로키오에게 보여 주었어요.

"내 아들이 그린 그림인데, 좀 보게나. 자네가 보기에 화가로서 성공할 수 있겠나?"

베로키오는 다빈치의 그림을 보고 눈이 휘둥그레졌어요.

"그림을 배운 적도 없는데 이렇게 잘 그렸단 말입니까? 당장 우리 공방으로 데려오십시오. 얼마나 실력이 늘지 지켜보고 싶습니다."

아버지는 베로키오의 말을 다빈치에게 전했어요. 다빈치는 뛸 듯이 기뻐했지요. 삼촌과 정든 고향을 떠나는 것은 슬펐지만, 화가라는 새로운 목표를 향해 나아가기로 결심했어요. 그해 다빈치는 빈치 마을을 뒤로하고 견습생이 되기 위해 피렌체로 떠났어요.

그림을 향한 첫발

피렌체에 도착한 다빈치는 넋을 잃고 여기저기 둘러보느라 바빴어요. 숲이 우거진 빈치와는 달리, 성벽 안으로 들어서자 도시를 에워싸고 있는 높은 성벽, 뾰족한 종탑, 붉은 지붕을 얹은 건물들이 가득했지요. 도로에도 돌이 깔려 있어서, 바큇자국으로 온통 패여 있는 빈치 마을의 흙길과는 달랐어요.

피렌체는 당시에 유럽 문화의 중심지였고 이탈리아에서도 부유한 도시로 손꼽히는 곳이었기 때문에, 피렌체에는 새로 지어진 화려한 저택과 웅장한 성당, 수도원, 병원들이 많았어요. 건물 자체가 하나의 예술 작품 같

1493년의 피렌체의 모습

앉지요. 그렇다 보니 피렌체에서는 예술품을 주문하는 사람들의 의뢰가 무척 많았어요. 교회와 수도원은 성서의 유명한 장면을 그린 그림을 원했고, 부자들은 그림, 조각, 분수로 저택을 장식하고 싶어 했어요. 또한 파티와 축제를 개최하는 사람들은 특별한 광경을 연출하기 위해 복잡한 기계 장치와 특별한 가장행렬 의상을 원했지요. 이 모든 것을 예술가의 작업장인 공방에서 만들었어요. 그래서 내로라하는 예술가들이 피렌체로 몰려들

15세기 이탈리아의 도시 국가들

이탈리아가 '이탈리아'라는 이름으로 통일된 국가를 이룬 지는 채 200년도 되지 않았어요. 레오나르도 다빈치가 살았던 15세기에는 이탈리아에 많은 도시 국가들이 있었고 정치 형태도 다양했지요.

장화 모양의 이탈리아 반도 중앙에는 교황이 관할하는 로마 교황령이 있고, 남부에는 나폴리 왕국과 시칠리아 왕국이 통합되어 세워진 양 시칠리아 왕국이 있었어요. 왕국이라는 이름에서 알 수 있듯이, 왕이 다스리는 나라였지요.

북부에는 밀라노 공국, 베네치아 공화국, 피렌체 공화국 외에도 크고 작은 국가들이 많았어요. 공화국에서는 왕이 아닌 선거로 뽑힌 지도자가 국가를 다스렸고, 공국에서는 작위를 받은 공작이 다스렸답니다.

1494년경의 이탈리아 지도

었고, 곳곳에서 공방이 번성했지요. 그중에서 베로키오 공방은 피렌체에서도 손꼽히는 곳이었어요.

건물들 사이로 난 좁은 골목길을 걸으며 아버지가 다빈치에게 말했어요.

"곧 만나게 될 베로키오는 피렌체 최고의 화가이자 조각가란다. 베로키오보다 나은 스승은 찾을 수 없을 거다. 너는 참으로 운이 좋은 거야."

안드레아 델 베로키오(1435~1488). 이탈리아의 조각가이자 화가이다.

"견습생은 저 하나뿐인가요?"

아버지를 따라 부지런히 종종걸음 치며 다빈치가 물었어요.

"너 말고도 많단다. 베로키오는 솜씨가 좋아서 주문이 끊이지 않기 때문에 일거리가 넘치지. 혼자서 그 일들을 감당할 수 없으니 사람이 많이 필요하단다."

다빈치는 기대감으로 가슴이 두근두근했어요. 하지만 아들을 바라보는 아버지의 눈에는 근심이 가득했어요.

"다른 견습생들은 모두 열 살 정도에 공방에 들어왔다는데 너는 벌써 열네 살 아니냐? 4년이나 늦은데다가 더 뒤처지게 되면 어쩌나 싶어 걱정이구나."

"걱정 마세요, 아버지. 열심히 하면 금세 따라잡을 수 있을 거예요."

다빈치는 스스로에게 다짐하듯 주먹을 불끈 쥐었어요.

베로키오 공방에 들어서자 회칠을 한 커다란 방이 눈에 들어왔어요. 작은 조각대와 이젤들이 작업대와 뒤섞여 있고, 벽에는 작업 도구들이 걸려 있었어요. 그리고 여러 사람들이 분주하게 각자 작업을 하고 있었지요.

프란체스코 삼촌과 비슷한 나이의 베로키오는 각진 얼굴에 약간 살이 찐 사람이었어요. 넓적한 코 밑의 얇은 두 입술은 무척이나 고집스러워 보였지요. 베로키오는 무뚝뚝한 표정으로 다빈치를 맞았어요.

"공방 생활에 빨리 적응할 수 있도록 눈치껏 배우거라."

다빈치는 그날부터 베로키오 공방의 견습생이 되었어요.

다소 늦은 나이에 견습생이 된 다빈치는 다른 소년들처럼

바닥을 청소하고 잔심부름을 했어요. 커다란 대리석 덩어리가 들어오는 날에는 구슬땀을 흘리며 옮겨야 했고, 찰흙을 다지기 위해 하루 종일 종아리가 붓도록 발을 굴러야 했지요. 붓을 씻고, 니스나 아교를 데우고, 안료를 곱게 가는 일도 견습생의 몫이었어요. 견습생들은 공방에서 일하는 대가로 식사와 잠자리를 제공받았으며, 약간의 돈도 받았지요.

다빈치는 다른 견습생들처럼 매일 12시간씩 일을 하고, 작업장에서 밥을 먹고, 짚을 깐 바닥 위에서 잠을 잤어요. 생활은 몹시 고단했지만 다빈치는 만족스러웠어요. 베로키오가 작업하는 것을 어깨너머로

지켜보며 배우는 것도 즐거웠고, 함께 지내는 선배들과 친구들에게서도 배우는 것이 많았지요.

다빈치는 공방 일을 돕는 틈틈이 그림 그리는 연습을 게을리하지 않았어요. 베로키오는 제자들에게 인간의 몸을 매우 정확하게 묘사하도록 가르쳤는데, 그것은 인간의 몸이 어떻게 구성되어 있는지를 공부하라는 의미였어요.

"레오나르도, 상상으로 그림을 그려선 안 된다. 네가 그리는 사람이 어떤 사람인지 그림에 다 나타나야 해. 살아 있는 모델을 직접 보고 관찰해서 그리는 연습을 하거라."

관찰은 빈치 마을에서 자랄 때부터 다빈치의 특기였어요. 다빈치는 틈만 나면 사람들의 얼굴을 관찰했지요. 그러자 사람마다 생김새가 다른 만큼 표정과 성격도 다른데, 그림 속 인물들이 모두 비슷한 얼굴에 표정도 한결같다는 걸 깨달았어요.

다빈치는 사람마다 다른 개성을 그림에 표현하고 싶었어요. 불룩 튀어나온 이마, 움푹 들어간 턱, 작은 들창코 뒤에 숨은 사람들의 성격을 표현해 내는 것은 무척 매력적인 작업이었어요.

"저 남자의 입술은 참 고집스러워 보이고, 저 아가씨의 입술은 새침해 보여. 눈 못지않게 입술에도 성격이 담겨 있는걸. 억센 팔뚝, 매끈한 팔뚝, 큼지막하고 거친 손, 가녀린 손. 모양이 다른 만큼 저마다 개성이 있어."

얼굴과 손의 표현에 어느 정도 자신감이 생기자, 다빈치는 옷 주름에

1 고대 전사(1472년경)
2 손 습작(1474년경)
3 주름 습작(1478년경)
4 주름 습작(1474년경)

몰두했어요.

"옷 주름이 어색하니, 기껏 살린 생동감 있는 표정마저 죽어 버리는구나. 인물의 입체감을 살리려면 주름을 제대로 그릴 수 있어야 해."

몸을 감싸고 있는 천의 주름은 그걸 걸치고 있는 사람의 몸까지 짐작하게 해 주기 때문에 절대로 소홀할 수 없었어요. 다빈치는 사실감 있는 옷 주름을 표현하기 위해 그리고 또 그렸어요. 천재이기에 앞서 다빈치는 노력가이기도 했던 거예요.

아버지를 놀라게 한 그림

다빈치가 견습 생활을 한 지도 몇 년이 흘렀어요. 어느 날, 아버지가 공방으로 찾아왔어요. 아버지의 손에는 묵직한 보따리가 들려 있었는데, 보자기를 풀자 무화과나무로 만든 방패가 나왔어요.

"아버지, 웬 방패예요?"

"이번에 일을 하다가 농부 한 사람을 알게 됐는데, 내 아들이 공방에서 일한다고 했더니 덜컥 맡기지 뭐냐? 방패에 그림을 그려 달라고 말이야."

"어떤 그림을 원하는데요?"

"글쎄다. 아무래도 방패니까 싸움터에서 적군들이 보고 두려워할 만한 게 좋지 않을까?"

"재미있는 작업이 되겠는걸요. 저만 믿고 맡겨 두세요."

다빈치는 아버지한테 자신이 얼마나 성장했는지 보여 주고 싶었어요. 누가 보든지 단박에 간담이 서늘해질 정도로 무시무시한 괴물을 그리기로 결심했지요. 그런데 그의 주위에는 참고할 만한 무서운 동물이 없었어요.

"그리스 신화에는 괴물도 참 많은데, 직접 보고 그릴 수 있다면 얼마나 좋을까? 쳐다보기만 해도 돌로 만들어 버리는 메두사처럼 무서우면 좋을 텐데⋯⋯ 맞아! 메두사도 사람과 뱀이 결합된 괴물이잖아. 그래, 상상의 괴물을 직접 만들어 보는 거야."

다빈치는 우선 도마뱀, 사마귀, 박쥐, 뱀, 귀뚜라미처럼 이상하게 생긴 동물이나 곤충을 눈에 띄는 대로 잡았어요. 그리고 자세히 관찰하고 노트에 세밀하게 스케치했지요.

"아가리를 벌리면 불길이 솟구치고, 콧구멍에서 독 김을 뿜으면 어떨까? 그보다 생김새가 소름 끼칠 만큼 무서워야 해. 박쥐의 날개에 뱀의 비늘, 도마뱀의 꼬리와 다리⋯⋯, 눈은 어떤 게 좋을까?"

다빈치는 가장 호기심을 불러일으킬 만한 부분들만 골라내고 짜 맞추어 새로운 괴물을 만들어 냈어요.

"이제 이것을 방패에 옮겨 그리고 색을 칠하는 거야. 아버지가 보시고 마음에 들어야 할 텐데."

다빈치는 방패 위에 정성스럽게 그림을 그렸어요. 그림이 완성되고 약속한 날이 되자, 다빈치는 방패를 벽에 세워 놓았어요. 그리고 방 안의 겉창을 닫아서 한줄기 빛이 방패의 그림을 극적으로 비추게 했지요.

공방으로 들어서는 아버지를 보고 다빈치는 일부러 바쁜 척 부산을 떨었어요.

"아버지, 방패는 커튼 뒤 견습생들 잠자리에 있어요. 지금 스승님이 시킨 일을 해야 해서 그러는데 직접 가져오시겠어요?"

"그렇게 하마. 너는 하던 일이나 마저 하려무나."

아버지는 흔쾌히 허락하고는 커튼 쪽으로 걸어갔어요. 커튼을 들추던 아버지의 시선이 그림에 가서 딱 멈추었어요. 무자비한 표정의 붉은 눈동

자와 눈이 딱 마주치는 순간, 아버지는 숨이 턱 막혔어요. 당장이라도 괴물이 달려들어 자신을 물어뜯을 것 같았지요.

"아악! 괴물이다! 사람 살려!"

아버지는 너무 놀란 나머지 다리가 풀려서 주저앉고 말았어요. 비명소리에 달려온 다빈치는 부들부들 떨고 있는 아버지를 보고는 장난이 지나쳤다 싶었어요.

"아버지, 죄송해요. 이렇게까지 놀라실 줄 몰랐어요."

"세상에, 이게 그림이었단 말이냐? 아이고, 너무 놀라서 심장이 입 밖으로 튀어나오는 줄 알았다. 난 한순간 악마가 보낸 괴물인 줄 알았지 뭐냐."

다빈치는 미안해서 어쩔 줄 몰라 했어요. 하지만 아버지는 하얗게 질렸던 얼굴에 핏기가 다시 돌고 마음이 진정되자 오히려 다빈치를 칭찬했어요.

"네게 재능이 있는 줄은 알았지만, 이렇게까지 잘 그릴 줄은 몰랐다. 정말 자랑스럽구나, 아들아."

아버지의 칭찬에 다빈치는 가슴이 뭉클했어요. 하늘을 날아오를 듯 기쁘기도 했지요.

아들의 그림에 만족한 아버지는 방패를 농부에게 돌려주기가 아까워 시장에서 새로 산 방패를 주었어요. 화살이 심장을 꿰뚫는 그림이 그려진 평범한 방패였지만, 농부는 좋아했지요.

다빈치가 그린 방패는 아버지가 기념으로 간직했을까요? 아니에요. 아버지는 피렌체의 부자 상인에게 비싼 값으로 방패를 팔았어요. 그리고 이것

페테르 파울 루벤스(1577~1640)가 그린
〈메두사의 머리〉(1617년경)

을 산 상인은 곧장 밀라노 공작에게 훨씬 비싼 값에 방패를 넘겼지요.

다빈치가 방패에 그린 것은 불을 내뿜는 용이었어요. 용이 아니라 메두사를 그렸다는 말도 있는데, 안타깝게도 이 방패 그림은 현재 전해지지 않아요.

하지만 다빈치의 천재성을 알려 주는 이 이야기는 후대의 화가들에게 많은 자극을 주었어요. 17세기에 활약한 루벤스는 〈메두사의 머리〉라는 작품을 그릴 때, 다빈치가 그린 방패를 떠올리며 그렸다고 해요.

스승의 그림자를 뛰어넘다

베로키오는 방패 사건에 대해서는 전혀 몰랐지만, 다빈치가 그림을 곧잘 그리는 것을 지켜보면서 그의 재능을 인정하고 있었어요. 그래서 작품을 제작할 때마다 다빈치에게 점점 중요한 일을 맡기기 시작했어요. 베로키오가 그림에서 가장 중요한 부분인 얼굴과 손을 다 그리고 나면, 인물의 옷이나 배경을 그려 넣는 일은 다빈치의 몫이었지요.

그러던 어느 날, 베로키오에게 〈그리스도의 세례〉를 그려 달라는 의뢰가 들어왔어요. 〈그리스도의 세례〉란 신약 성서에 나오는 내용으로, 예수가 세례자 요한에게 세례를 받는 장면이었어요.

베로키오는 그림을 그릴 목판에다 구상한 대로 밑그림을 그렸어요. 가운데에는 허리에만 옷을 둘러 걸친 예수가 두 손을 모으고는 맑은 물에 맨발을 담근 모습을 그려 넣었어요. 그 옆에 선 세례자 요한은 하늘에서 비둘기의 모습으로 성령이 쏟아지는 동안, 놋그릇을 들고 세례를 주는 모습이었지요. 반대편 아래에는 두 명의 천사가 강가에 무릎을 꿇고 앉아 있었어요. 화면의 중앙을 차지한 예수와 구도를 맞추기 위해 그린 것이었지요.

베로키오는 밑그림을 다 그리고는 다빈치에게 두 명의 천사 중 왼쪽의 천사를 채색해 보라고 했어요. 다빈치는 스승의 밑그림을 뚫어져라 쳐다보았어요. 그러고는 머뭇머뭇 조심스럽게 말을 꺼냈어요.

"스승님, 제가 맡은 천사 말인데요. 고개를 똑바로 들고 있는 자세 대신 다른 자세로 고쳐도 될까요?"

"네게 다른 생각이 있는 거냐? 한번 말해 보거라."

"천사의 고개를 오른쪽이나 왼쪽으로 비스듬히 돌리게 하고 싶어요. 어느 쪽을 향하고 있더라도 머리만은 꼿꼿이 세우면 안 될 것 같아요."

"왜 그렇게 생각하지?"

"스승님께서는 언제나 상상해서 그리지 말고 실제 모델을 보고 그리라고 강조하셨잖아요."

"물론 그랬지."

베로키오는 고개를 끄덕끄덕했어요.

"그동안 여러 가지 습작을 해 보았더니, 어깨 위에 꼿꼿이 세워진 머리는 생동감이 없어 보였어요. 비스듬히 고개를 돌리니까 그림 속 인물이 힘차고 활기차 보였거든요."

베로키오는 다빈치의 말을 듣고 심장이 철렁했어요. 자신이 미처 깨닫지 못하고 있던 것을 다빈치는 꾸준한 관찰과 습작을 통해 이미 알고 있던 거예요. 제자는 어느새 스승의 그림자를 넘어서고 있었지요. 베로키오는 제자의 말을 무시하지 않고 선선히 받아들였어요. 그래서 왼쪽 천사를 다빈치에게 다시 스케치하도록 했지요.

색을 칠할 때 베로키오는 익숙한 템페라 기법 대신 유화 기법으로 그리기로 마음먹었어요. 북부 유럽에서 개발된 유화는 아직 피렌체 화가들한테 익숙하지 않았어요. 베로키오 역시 유화 기법에는 능숙하지 못했지요. 하지만 다빈치는 이 새로운 기법에 매료되어 누구보다 열심히 공부하고 연구했어요. 유화는 입체감을 드러내기가 훨씬 편할 뿐만 아니라 윤곽선을 감추고 매끈하게 끝맺음을 할 수 있었어요.

베르키오의 〈그리스도의 세례〉 중 다빈치가 그린 부분

베로키오는 다른 주문으로 매우 바빴기 때문에 시간이 날 때마다 그려 나갔어요. 그림이 완성되는 데 3년이라는 시간이 걸릴 수밖에 없었지요. 그동안 다빈치는 왼쪽의 천사를 완벽하게 그리기 위해 자기만의 재료를 개발해서 매우 얇게 색을 층층이 겹쳐 칠했어요. 그가 쓴 재료는 아주 매끄럽고 부드러워서 붓 자국을 알아보기가 힘들었어요.

〈그리스도의 세례〉가 완성되자 베로키오는 감동 어린 눈으로 그림을 바라보았어요. 화가로서보다 조각가로서 훨씬 탁월한 재능을 발휘했던 베로키오는 이 작품에 자신의 실력을 모조리 쏟아부었던 거예요.

'예수와 요한의 모습에 사실주의와 웅장함이 적절히 섞여 있어. 인체 구조도 흠잡을 데 없지. 게다가 두 사람이 발을 담근 물을 보라고. 투명한 물의 상태를 아주 성공적으로 잘 표현했다고. 많은 화가들이 이 문제를 피해 가려고 세례 장면을 그릴 때 물기 없는 강둑을 배경으로 하지만, 나는 해냈단 말이지.'

베로키오의 시선이 곧 예수의 옷을 든 천사로 옮겨 갔어요. 그러자 이제까지 느꼈던 자신감이 바람 빠진 풍선처럼 쪼그라들기 시작했어요.

'고개를 돌린 얼굴 형태를 성공적으로 표현하기 위해 천사의 등을 4분의 3만큼 보이게 했잖아? 이건 가장 까다로운 각도인데 이렇게나 잘 표현하다니 놀랍군!'

더구나 천사의 얼굴에서는 마치 빛이 환하게 퍼져 나오는 것 같았어요. 머리카락과 눈과 미소는 생기발랄해서 현실감이 넘쳤어요.

베로키오는 고통스런 한숨을 내쉬며 그림에서 등을 돌렸어요. 어린 제자는 스승의 그림자를 넘어서고 있는 게 아니라, 이미 스승을 뛰어넘어 앞서 가고 있던 거예요.

이 일을 계기로 베로키오는 다시는 붓을 들지 않겠다고 다짐했어요. 만약에 속 좁은 스승이었더라면 질투심과 시기심에 제자를 공방에서 당장 쫓아냈겠지만, 베로키오는 달랐어요. 곧 다빈치를 불러 자신의 뜻을 밝혔지요.

"레오나르도, 앞으로 공방에 들어오는 회화 분야의 일은 네가 맡거라. 나는 전혀 참견하지 않을 테니, 견습생들을 이끌고 잘 꾸려 나가 보려무나."

"네? 스승님은 어쩌시고요?"

"나는 너를 믿고 이제부터 내가 좋아하는 조각과 금은 세공에 열중하고 싶구나."

공방의 후배 견습생들은 〈그리스도의 세례〉 때문에 베로키오가 충격을 받았다며 다빈치를 치켜세웠어요.

"소맷자락으로 눈물을 훔치는 스승님을 두 눈으로 똑똑히 봤다니까요. 우리가 봐도 선배님은 스승님보다 훨씬 뛰어나요."

하지만 다빈치는 우쭐대는 대신 차분하게 말했어요.

"스승을 뛰어넘지 못하는 제자라면 무능한 거야. 스승의 그림자만 졸졸 따라다니고 있다면 스스로 반성해야 해."

또한 발전하려고 노력하지 않는 견습생들에게 따끔하게 충고했어요.

"화가는 스승의 그림을 모방하는 것으로 만족하면 안 돼. 그렇게 되면 회화는 결국 쇠퇴하고 점점 더 나빠질 수밖에 없어. 이미 만들어진 형태를 되풀이하는 일에 자신의 재능을 낭비하지 마."

"하지만 견습생은 스승이나 선배들의 작품을 모방하면서 성장하는 거잖아요."

다빈치는 철없는 후배의 말에 딱 잘라 말했어요.

"만일 화가가 다른 사람의 작품을 본받는 데에만 머문다면, 그 화가는

보잘것없는 그림들만 남기게 될 거야."

1472년 다빈치는 드디어 화가 조합에 가입하고 정식 화가가 되었어요. 보통 10년이 넘게 걸리는 일을 겨우 6년 만에 해낸 거지요.

다빈치가 남들보다 빨리 화가로 성장할 수 있었던 원동력은 뛰어난 관찰력과 기억력 덕분이었어요. 곱슬곱슬 요동치는 머리카락, 퍼덕거리는 새의 빠른 날갯짓, 감정이 실린 표정을 실감나게 그리기 위해서 다빈치는 꾸준히 관찰하고 열심히 반복해서 그렸으며, 이렇게 얻은 경험들을 머릿속에 차곡차곡 쌓아 갔지요.

이러한 노력을 통해 다빈치는 새로운 것을 창조해 내는 자연에 가까이 다가가고 최대한 닮고자 했어요. 자연을 동경하는 다빈치의 열정은 단순한 모방을 뛰어넘어 예술이라는 새로운 가치를 만들어 냈지요. 다빈치는 화가가 새로운 것을 창조해 낸다는 점에서 자연과 가장 닮은 일을 한다고 생각했어요. 그래서 화가가 참으로 위대한 직업이라고 깨달았지요.

다빈치가 살던 시대에는 화가를 무시했어요. 아름다운 예술 작품을 만들어 내는 예술가가 아니라, 물건을 만들어 내는 수공업자 중 하나라고 여겼지요. 하지만 다빈치는 선배 화가들이 걸었던 길에 만족할 수 없었어요. 선배는 물론이고 스승을 뛰어넘어 길을 개척함으로써 화가라는 직업에 새로운 가치를 부여하고자 했어요. 그리하여 르네상스가 요구하는 새로운 화가의 모습을 만들어 냈던 거예요.

프레스코화, 템페라화, 유화는 어떻게 다를까?

프레스코화

고대 로마의 유적지인 폼페이에서 발견된 프레스코화는 석회를 반죽해 벽에 바른 뒤, 그것이 채 마르기 전에 물감으로 그린 그림이에요. 이미 기원전 3000년경부터 이 기법이 사용되어 고대 그리스와 로마에서 사랑받았답니다. 하지만 중세 시대에는 관심 밖으로 밀려나 거의 잊혀지다가 르네상스 시대에 이탈리아를 중심으로 다시 부활하게 되었지요. 그리하여 르네상스 시대의 수많은 걸작들이 프레스코 기법으로 그려졌어요.

프레스코화는 신비롭고 은은하며 투명한 느낌을 주기 때문에 종교화에 잘 어울리고, 오래되어도 변질되지 않는 장점이 있었어요. 물감이 마르면서 석회 반죽과 함께 굳어 벽의 일부가 되기 때문에, 벽이 무너지지 않는 한 영구히 보존할 수 있었지요. 그러나 한 번 마르면 고치기 어려운데다 벽이 젖었을 때와 말랐을 때의 색감이 달라서 무척 까다로운 기법이기도 했어요. 그래서 프레스코 기법은 당시 화가의 기량을 판가름하는 시험대 역할도 했어요.

고대 로마 프레스코화 〈폼페이의 초상화〉

르네상스 시대 미켈란젤로의 프레스코화 〈천지창조〉 일부

템페라화

템페라화는 달걀에다 물감 가루를 녹여서 그렸기 때문에 들러붙는 성질이 매우 뛰어났던 기법의 그림이에요. 템페라 기법은 나무판이나 캔버스 등 다양한 곳에 그림을 그릴 수 있고, 프레스코에 비해 시간의 제약을 덜 받았어요. 게다가 섬세하고 날카롭게 표현할 수 있어서 르네상스 화가들에게 큰 사랑을 받았어요. 하지만 프레스코에 비해 변질되기 쉽고, 물감이 너무 빨리 말라 색깔을 섞어서 칠하기가 어려웠어요. 또 완성된 그림이 너무 딱딱해 보인다는 단점도 있었어요.

베로키오의 템페라화 〈토비아스와 천사〉

유화

유화란 물감을 기름에 녹여서 그리는 그림인데, 15세기 중엽, 네덜란드 화가 얀 반 에이크가 사용하기 시작했어요. 유화는 템페라에 비해 늦게 말라서 자유롭게 색을 섞을 수 있고, 마른 후 여러 번 덧칠할 수 있는 장점이 있었어요. 또 광택과 투명함은 물론이고, 두껍게 바르느냐 얇게 칠하느냐에 따라 다양한 질감을 표현할 수 있었지요. 그래서 유화는 르네상스는 물론이고, 이후에도 서양화를 대표하는 기법으로 자리 잡게 되었어요.

얀 반 에이크의 유화 〈아르놀피니 부부의 초상〉

- 새로운 문화의 바람, 르네상스
- 또 다른 스승, 알베르티
- 대성당 꼭대기에 청동 구를 얹다
- 메디치 가문의 도서관

인문학적 상상력을 키워 준 독서의 힘

책에서 발견한 문화적 충격과 학문적 자극 2

다빈치는 학교 교육을 정식으로 받지 못했어요. 빈치 마을에서 받은 교육이라고는 집에서 이탈리아 어를 읽고, 쓰고, 간단한 덧셈과 뺄셈을 배운 게 다였지요. 게다가 사생아라는 이유로 대학에 입학할 수조차 없었어요. 그렇다면 다빈치는 그 많은 지식을 어디서 얻었을까요? 다빈치를 천재로 만들어 준 비법은 무엇일까요?

새로운 문화의 바람, 르네상스

다빈치가 견습 생활을 시작한 피렌체는 그 당시 세계에서 가장 활기찬 도시였어요. 중세 암흑기가 저물고 르네상스의 중심지가 된 피렌체에서는 예술과 건축, 문학과 과학 등이 눈부시게 발전하고 있었지요.

"선배님, 어젯밤에 안 보이던데 어디 가셨던 거예요? 류트 켜는 법을 가르쳐 주신다고 했잖아요."

다빈치는 입술을 삐죽이며 투덜거렸어요.

베로키오 공방에서는 밤마다 감미로운 류트 소리가 울려 퍼졌고, 공방의 견습생들은 그 소리에 맞춰 노래 부르는 것을 좋아했어요. 공방 생활을 꽤 한 견습생들 중에 류트를 켤 줄 모르는 사람은 거의 없었어요.

"저보다 어린 견습생들도 류트 줄을 퉁기며 제법 그럴 듯한 소리를 만들어 내고 있다고요."

"레오나르도, 너무 조급해 할 것 없어. 너는 이제 막 공방에 들어왔잖니. 서두르지 말고 차근차근 해 나가면 되는 거야. 자, 얼마나 연습했는지 들어 볼까?"

다빈치는 머릿속으로 멜로디를 떠올리며 열심히 손가락을 놀렸어요. 아직 굳은살이 박히지 않은 말랑한 손가락은 줄을 퉁길 때마다 빨갛게 부어오르고 아팠어요. 하지만 다빈치는 베로키오 공방에서 제일가는 류트 연주자가 되고 싶었기 때문에 그 정도 통증쯤은 얼마든지 참을 수 있었

어요. 음악은 그림만큼이나 다빈치의 호기심을 자극하고 즐거움을 주었거든요.

"선배님, 이 부분에서 자꾸만 음을 틀려요. 제가 뭘 잘못한 거죠?"

다빈치는 여전히 류트를 퉁기며 선배에게 물었어요. 하지만 한참이 지나도 대답이 들려오지 않았어요. 다빈치가 고개를 돌리자 책에 열중해 있는 선배가 보였어요.

"선배님, 무슨 책이에요?"

다빈치가 이제까지 본 책이라고는 기껏해야 할머니가 애지중지하던 성경책이 다였어요.

다빈치가 세 살 되던 해인 1455년에 독일의 구텐베르크가 유럽에서 최초로 책을 인쇄했어요. 구텐베르크가 인쇄기로 찍어 내기 전까지는 수도원

다빈치 밀착 인터뷰

르네상스에 대해 알아보는 시간!

 중세를 '문명의 암흑기'라고 부르는 이유는 무엇인가요?

 중세는 인간보다 신을 중시하던 시대였어요. 중세 사람들은 태어나서 죽을 때까지 교회의 지배를 받았어요. 그러다 보니 고대 그리스·로마에서 화려하게 꽃피었던 예술과 문화는 교회의 권력 아래 뒷걸음질할 수밖에 없었지요. 이 때문에 중세 시대를 가리켜 암흑기라 부르는 거예요.

 르네상스가 무슨 뜻이에요?

 르네상스는 프랑스 어로 '재생', '부활'을 뜻하는 말이에요. 죽었던 고대 그리스·로마 문화가 다시 되살아났다는 거지요. 르네상스는 신을 인간처럼 표현하던 고대 그리스·로마 문화를 다시 부활시킴으로써 인간 중심의 새 바람을 일으킨 문화 운동인데, 1400년대 초부터 1600년대까지 이어졌지요.

 르네상스 문화의 특징은 무엇인가요?

 르네상스는 문학에서 먼저 시작되었어요. 성서 대신 그리스·로마의 고전 작품들을 연구하면서 신의 그늘에 가려져 있던 인간을 새롭게 발견했던 거예요. 르네상스 시대 작가들은 신을 찬미하던 중세 문학에서 벗어나 인간의 솔직한 감정과 욕망을 노래하기 시작했어요. 그리고 예술가들은 살아서 꿈틀거리는 인간을 표현하고자 했어요. 고대 그리스·로마 시대 예술가들처럼 말이지요.

 이탈리아에서 르네상스가 시작된 이유는 무엇인가요?

 중세가 끝나갈 무렵, 유럽에서 가장 부유한 나라는 이탈리아였어요. 이탈리아는 지중해 한가운데 위치해 무역의 중심지로 번영을 누리고 있었기 때문에, 그곳의 교황과 통치자들은 부를 바탕으로 학문과 예술을 후원했어요. 그리고 이탈리아는 고대 로마 문화가 꽃피었던 곳으로, 많은 유적과 유물이 남아 있었어요. 조각가와 건축가들은 고대의 아름다운 조각과 건축물을 직접 보고 공부할 수 있는 특권을 누릴 수 있었지요. 그래서 다른 곳들보다 먼저 르네상스가 시작된 거예요.

에서 수도사들이 손으로 일일이 베껴 쓴 책들이 다였어요. 책 한 권이 만들어지기까지 매우 오래 걸렸기 때문에 책은 무척이나 귀했어요. 만들어지는 책의 종류도 다양하지 않았고, 권수도 얼마 되지 않았지요. 당시 유럽에 있는 책을 모두 끌어모아도 3만 권 정도밖에 되지 않았어요.

하지만 인쇄기로 책을 찍어 내기 시작하면서 기독교인이라면 꼭 가지고 싶어 하는 성경책이 집 몇 채 가격에서 많이 싸졌어요. 구텐베르크 이후 로마에도 인쇄소가 생겼고, 15세기 말에는 베네치아에 대략 100개의 인쇄소가 생겨났어요. 유럽 전체의 천 군데가 넘는 인쇄소에서 4만 종류의 책이 인쇄되고 있었지요. 하지만 많이 흔해지고 가격이 떨어졌다고 해도, 책은 여전히 귀하고 비쌌어요.

다빈치는 성경책을 선물 받던 날 할머니의 표정이 아직도 눈에 선했어요. 할머니는 눈물을 흘리며 기뻐했고, 선물을 한 아버지의 얼굴에도 뿌듯함이 가득했어요. 할머니는 빈치 마을에서 신부님 말고 유일하게 성경책을 가진 사람이 되었지요.

구텐베르크 인쇄기
독일의 인쇄업자인 요하네스 구텐베르크(1398~1468년)는 기름과 포도주를 짜던 기계를 응용해서 인쇄기를 만들었다. 그 당시 유럽의 종이는 두꺼워서 강한 압력을 주어야만 인쇄할 수 있었다.

프란체스코 페트라르카(1304~1374년). 14세기 이탈리아의 인문주의자로, 르네상스의 문을 연 사람이다.

"선배님, 무슨 책이냐고요?"

다빈치는 류트를 내려놓고 선배의 어깨를 흔들었어요.

"어, 미안. 책에 빠져서 연주를 제대로 못 들었어. 어제 다른 공방에 물감 만드는 법을 교환하려고 갔는데, 페트라르카에 대해 토론이 벌어졌지 뭐니. 그가 쓴 책에 대해서 말이야."

베로키오는 다른 공방의 동료들에게 문을 활짝 열어 놓고 언제든지 드나들게 했어요. 물론 다른 공방들도 마찬가지로 누구에게나 문을 열어 두고 있었지요. 견습생들은 자유롭게 여러 공방을 드나들며 지식을 나누고 교양을 쌓았어요. 책을 읽고 토론이 벌어지는 공방은 견습생들에게 학교나 다름없었지요. 당시에 공방은 예술과 문학을 사랑하는 젊은이들을 위한 모임 장소였어요.

"페트라르카라고요? 며칠 전 우리 공방에서 선배들이 토론할 때 들어 본 이름이에요. 저는 잘 모르는 얘기들이라 제대로 듣지 않았지만요."

"너는 시골 마을에서 살다 와서 잘 모르겠지만, 피렌체는 물론이고 로마, 밀라노 등 도시마다 새로운 바람이 불고 있단다."

"새로운 바람이라고요?"

"네가 태어나기도 전부터 시작되었기 때문에 새로운 바람이라는 말이 어울리지 않을 것 같긴 해. 하지만 천 년이 넘는 시간에 비하면 50여 년은 아직도 새롭다고 할 수 있지."

"무슨 말인지 모르겠어요. 페트라르카와 그게 무슨 관계가 있나요?"

다빈치가 이마에 주름을 만들며 고개를 갸우뚱하자, 선배는 책을 내려놓고 설명하기 시작했어요.

"레오나르도, 페트라르카는 중세를 야만이 지배하던 시대라고 생각했어. 고대 로마인들이 이룩한 위대한 문화를 때려 부순 야만인들의 시대라는 거지. 원래 로마 제국의 미술은 목각 인형처럼 뻣뻣하지도, 국수 가락처럼 흐느적거리지도 않았어. 당장이라도 살아서 움직일 것같이 생생한 미술이 진짜 로마 제국의 미술이었지."

"하지만 스승님이나 선배들의 작품은 전혀 흐느적거리지 않던데요?"

"맞아. 우리가 살아 있는 미술을 하게 된 것도 페트라르카가 불러온 새로운 바람 덕분이야. 페트라르카는 고대의 문헌을 찾아내서 연구하는 데 평생을 바쳤단다. 그가 찾아낸 문헌들 덕분에 새로운 바람이 불게 된 거야. 그래서 페트라르카를 최초의 인문주의자라고 부르는 거지."

실제로 피렌체를 비롯한 이탈리아의 도시들에서는 고대 미술을 향한 뜨거운 열풍이 불고 있었어요. 새로운 미술의 유행은 알프스를 넘어 유럽 각지로 빠르게 퍼져 나갔지요. 미술을 공부하는 사람들은 고향을 뒤로하고 앞다투어 이탈리아로 몰려들었어요. 중세 시대에는 아무도 거들떠보지

고대와 중세, 르네상스 시대는 여신을 어떻게 그렸을까?

고대 로마 시대의 〈미의 세 여신〉

조화와 균형을 중시하던 고대인들은 수학적인 비례를 미술에 적용해서 육체의 아름다움을 표현했어요. 그래서 고대 그리스·로마의 미술은 매우 사실적이었어요.

하지만 중세 미술은 전혀 달랐어요. 인체를 정확하게 묘사하는 것은 기독교 교리에 어긋난다고 여겨서 사실적인 묘사를 무시하고 평면적으로 표현했어요.

르네상스 시대 예술가들은 고대 그리스·로마 미술의 사실성을 되살리려 했어요. 피와 살이 살아 있는 인간을 작품 속에 그대로 표현하고 싶었던 거지요.

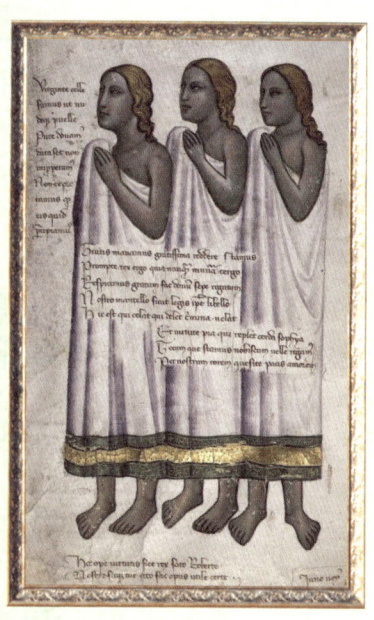

중세 시대의 〈미의 세 여신〉

르네상스 시대의 〈미의 세 여신〉

않던 고대의 유적과 폐허가 이제 새로운 명승지로 떠올랐지요.

"페트라르카는 고대에 우리 조상들이 이룩했던 위대한 문화를 다시 살리고 싶었던 거야."

"위대한 문화라고요?"

"그렇단다. 레오나르도, 그거 아니? 고대 로마 인들만큼이나 위대한 이들이 또 있었다는 걸. 바로 그리스 인들이야. 2000년 전의 그리스 인들은 지금까지 피렌체 사람들이 성취한 것보다 훨씬 더 많은 것을 이룩했단다. 너도 들어 봤지? 아리스토텔레스, 플라톤, 유클리드, 아르키메데스, 피타고라스를 말이야. 이들은 고대 그리스의 위대한 철학자이자 과학자들이었단다."

다빈치는 대부분 처음 들어 보는 이름이었지만 아는 체하며 고개를 끄덕였어요.

"피렌체가 이들을 제대로 이해하기 시작한 건 얼마 되지 않아. 고대의

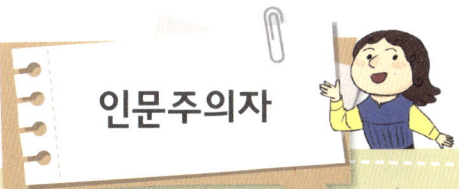

인문주의자

르네상스 시기에 고전 문학을 연구했던 인문학자를 말해요. 이탈리아 르네상스 시기의 인문주의자들은 그리스와 로마의 고전 문학을 발굴해 연구함으로써 인간 중심의 세계관을 회복하고자 노력했어요.

위대한 유산은 모두 그리스 어나 라틴 어로 쓰여 있어서 우리가 이해하기 힘들었으니까. 이탈리아 어로 번역된 책이 나오면서 나 같은 사람도 고대인들이 성취한 것을 흉내 내고 싶은 의욕이 생긴 거야."

"이탈리아 어로 번역되어 있다고요? 그럼 저도 읽을 수 있겠네요."

"요즘 어느 공방을 가든지 새로 나온 책이 화제야. 특히 번역된 고전들은 너도나도 사고 싶어서 안달이지. 나도 돈을 모으면 책을 사고 싶어. 그러기 전까지는 사정을 해서 빌려 읽어야겠지."

"선배님, 저도 이 책 좀 빌려주세요. 정말 조심해서 볼게요."

책을 바라보는 다빈치의 눈은 마치 사탕을 보고 입맛을 다시는 아이의 눈빛만큼이나 간절했어요. 하지만 선배는 단호하게 고개를 저었어요.

"절대로 안 돼! 책장 한 장 넘기는 것도 갓난아이 볼 만지듯 하겠다고 맹세하고 빌려 왔단 말이야. 네가 읽다가 약간의 흠집만 나도 앞으로 나에게 책을 빌려주지 않을 거야."

하지만 책에 대한 다빈치의 열망은 첫사랑에 빠진 사춘기 소년의 마음보다도 강렬했어요. 다빈치는 선배가 공방을 비울 때마다 몰래몰래 책을 꺼내 몇 줄이라도 더 읽으려고 했어요. 주린 배를 채우듯이 허겁지겁 책 속의 글귀들을 머릿속에 집어넣었지요. 전에는 스케치를 하거나 류트를 연습하면서 시간을 보냈지만, 밤마다 공방에서 벌어지는 토론에도 열심히 귀를 기울였어요.

다빈치는 위대한 이름을 남긴 고대인들에 대해 좀 더 알고 싶었고, 알면

알수록 더욱 마음이 쏠렸어요. 그리고 베로키오 공방을 찾아온 사람들과 이야기를 나누면서 자신이 얼마나 지식에 목말라 있었는지 깨닫게 되었어요. 이렇게 새로운 지식을 알아 가는 기쁨은 무엇보다 다빈치를 행복하게 만들었지요.

또 다른 스승, 알베르티

다빈치가 베로키오 공방에 들어온 지 일 년쯤 되었을 때였어요. 다빈치는 여느 견습생들과 마찬가지로 공방 일을 하는 짬짬이 데생 연습을 하며 시간을 보냈어요. 얼마 전부터 독서에 눈을 떴지만 빌려 읽을 수 있는 책은 그리 많지 않았어요. 공방에서 벌어지는 토론에도 관심이 끌렸지만 제대로 듣기도 전에 곯아떨어지기 일쑤였지요. 견습 초보인 다빈치는 자잘한 심부름부터 해야 할 일이 너무 많았던 거예요.

그러던 어느 날, 다빈치의 인생을 바꿔 줄 손님이 베로키오 공방을 찾아왔어요. 젊은 견습 화가들은 이따금 스승의 친구들을 만날 수 있었는데, 대부분 유명한 지식인들이었어요. 그러한 지식인들 중 한 사람이 바로 알베르티였지요.

아까부터 다빈치의 귀는 스승과 대화를 나누고 있는 사람에게 쏠려 있었어요. 호리호리하고 단단한 몸의 미남이었지만, 그의 머리는 황혼에 접어들어 눈처럼 하얀 백발이었어요.

레온 바티스타 알베르티(1404~1472년). 건축가, 조각가, 화가, 작가이면서 르네상스의 가장 중요한 이론가였다.

"선배님, 저 분은 누구예요? 처음 뵙는 분인데, 다른 공방의 장인이신가요?"

선배는 스케치하던 손을 멈추고 다빈치가 가리키는 사람을 힐끗 쳐다보았어요.

"알베르티 선생이야. 공방을 운영하는 장인은 아니지만 화가이기는 하지. 하지만 우리와는 다른 길을 걸어온 분이야."

"다른 길이라니요?"

"대부분의 화가들이 공방에서 모든 걸 배우는 것과 달리, 저분은 대학에서 교육받았으니까."

"쳇, 좋은 집안에서 태어나 좋은 교육을 받은 운 좋은 사람일 뿐이잖아요. 스승님보다 재능 있는 화가도 아니면서 잘난 집안 덕분에 이름만 떠들썩한."

대학이라는 말에 다빈치는 갑자기 알베르티에 대한 호감이 뚝 떨어졌어요. 사생아여서 대학에 갈 수 없는 다빈치로서는 알베르티가 부러운 만큼 샘도 났어요.

"바보, 저분도 너처럼 사생아 출신이야. 물론 부유하고 높은 신분이라 사생아임에도 대학에 갈 수 있었지만 말이야. 스승님만큼 뛰어난 화가는 아니지만, 내가 아는 한 세상에서 가장 똑똑한 사람이라고."

"세상에서 가장 똑똑한 사람이라고요?"

"그래, 저분은 건축가로 유명하지만 화가이기도 해. 그런 사람이 드문

게 아니지만. 저분은 세상의 모든 지식에 통달한 분이란다."

"에이, 신도 아니고 어떻게 세상의 모든 지식에 통달해요?"

다빈치는 놀리지 말라는 듯 손사래를 쳤어요.

"진짜야. 저분은 소설과 극본을 쓰는 작가이면서 문학을 연구하는 학자이고, 그림을 그리고 조각을 하는 화가란다. 또한 언어학자, 수학자, 역사가이기도 해."

"한 사람이 그렇게 여러 분야에서 뛰어날 수 있다고요? 그게 말이 돼요? 그런 거짓말을 누가 믿어요."

"나도 처음에는 너처럼 생각했단다. 하지만 사실인 걸 어쩌겠니?"

다빈치는 고개를 돌려 알베르티를 뚫어져라 쳐다보았어요. 그러자 지금까지 놓치고 있던 새로운 사실이 다빈치의 가슴을 두드렸어요. 주름투성이 얼굴에 박혀 있는 알베르티의 눈이 어느 젊은이 못지않게 빛나고 있던 거예요. 다빈치는 그 눈에서 날카롭게 빛나는 지혜를 읽을 수 있었지요.

며칠 후였어요. 스케치 연습을 하고 있는 다빈치의 어깨를 누군가 톡톡 건드렸어요. 고개를 드니 알베르티였어요.

"자네가 다빈치인가? 베로키오에게 들었는데 호기심이 많다지? 언제나 질문을 해 대서 귀찮아 죽겠다고 푸념을 늘어놓던데."

다빈치는 얼굴이 화끈 달아올랐어요. 알베르티에 대해 사람들에게 물어보니 생각보다 더 대단한 사람이었어요. 그 후 알베르티를 동경하고 존경하는 마음을 품게 된 터라 그런 말을 들으니 더욱 창피했지요.

"스승님이 귀찮으시대요?"

다빈치가 기어들어 가는 목소리로 되물었어요.

"하하, 그래도 애정이 뚝뚝 묻어나는 푸념이었네. 호기심은 좋은 거라네. 모든 창조적인 일의 씨앗이기 때문이지. 어린아이 같은 강렬한 호기심이 모든 학문에서 귀중한 씨앗이 되거든. 알고 싶은 욕구는 훌륭한 사람들의 천성이라네."

다빈치를 보는 알베르티의 눈빛은 따뜻했어요. 다빈치는 안심하고 금세 호기심 많은 원래 모습으로 돌아갔지요.

"다들 선생님이 세상에서 제일 똑똑한 분이래요. 모르는 것이 없다던데 어떻게 그럴 수 있지요?"

"허허, 글쎄. 나도 자네처럼 타고난 호기심쟁이라서 그럴지도 모르지. 대학에서 이것저것 공부하다 보니 모든 학문은 서로 통하더군. 라틴 어와 그리스 어를 공부했더니 읽을 수 있는 책이 많아졌고, 책을 읽다 보니 역사도 재미있고, 문학도 재미있었어. 그래서 소설을 쓰고, 논문도 썼지."

"저는 선생님이 뛰어난 건축가라고 들었어요. 문학과 건축은 전혀 다른 분야잖아요."

"그렇지 않다네. 고대의 학자들은 모두 철학자이자 과학자였고 또 작가이기도 했어. 그래서 고전을 공부하던 나는 자연스럽게 과학으로 관심을 옮겨 갔지. 수학과 공학에 대한 호기심은 건축으로 다시 옮겨 갔고. 나는 건축에서 제일 재미를 느꼈네. 건축은 그림, 조각, 수학, 공학을 모두 알아야 하는 학문이거든."

"와우, 대단해요. 사람들이 선생님을 '신기한 재능을 가진 해박함의 왕자'라고 부르는 이유를 알 것 같아요."

"왕자라…… 허허, 나를 그렇게 봐 주니 기분은 좋구먼. 그나저나 자네에게 궁금한 게 있네. 자네는 공방에 들어온 이유가 뭔가?"

알베르티가 진지한 표정으로 물었어요.

"그야 당연히 스승님처럼 화가가 되고 싶어서지요."

"화가라. 그렇다면 자네가 그동안 던진 수많은 질문들은 화가가 되는 데 필요한 것들이었나?"

다빈치는 곰곰이 생각에 잠겼어요. 자신이 그동안 어떤 질문들을 쏟아 냈는지 떠올려 보았지요.

'하느님은 왜 하늘을 파란색으로 만들었을까요?', '나이가 들면 왜 주름이 생기는 걸까요?', '지평선으로 사라진 태양은 밤사이에는 어디에 있는 걸까요?'

그림을 잘 그리기 위해 던진 질문도 있지만, 거의 그림과는 상관없는 질문들 이었어요.

호기심은 창조적인 일의 씨앗이야. 호기심을 많이 갖게나.

"대부분 화가와는 거리가 먼 것이었네요. 제가 참 한심해 보이지요? 화가가 되고 싶다면서 쓸데없는 데만 관심을 쏟으니까요."

풀이 죽은 목소리로 다빈치가 말했어요.

"과연 쓸데없는 질문들일까? 자네는 화가가 무엇이라 생각하나?"

"그야 그림을 잘 그리는 사람이지요."

"그럼 자네는 훌륭한 화가가 되기 위해서 어떤 노력을 해야 한다고 생각하나?"

"당연히 데생 연습을 열심히 해야지요. 살아 있는 것처럼 생동감 있게 그리려면 데생 연습보다 좋은 게 없어요. 또 자연스런 색을 만들기 위해 물감에 대해서도 연구해야지요."

"자네 말이 틀린 것은 아니지만, 데생 연습과 좋은 물감만 가지고는 훌륭한 화가가 될 수 없네. 화가는 자신의 예술에 필요한 모든 형태의 지식을 가져야 하기 때문이지."

"모든 형태의 지식이라고요? 선뜻 이해가 안 가요."

다빈치는 알쏭달쏭하기만 했어요.

"원근법을 예로 들어 볼까? 자네 말대로 자연스럽고 실제 같은 그림을 그리려면 원근법을 알아야 하네."

원근법에 대해 들어 보긴 했지만, 초보 견습생인 다빈치에게는 아직 어려운 얘기였어요. 게다가 당시에는 원근법을 제대로 구사해 그림을 그릴 줄 아는 화가도 많지 않았어요.

"중세 화가들은 대개 중요한 인물은 크게, 덜 중요한 인물은 작게 그렸어. 인물의 실제 몸집과는 상관없이 말이야. 거리에 따라 크기가 달라 보이는 거리감도 무시되었지."

"원근법을 쓰면 달라지나요?"

다빈치는 자기가 그린 그림이 어딘가 어색하다는 것을 느끼고 있었어요. 인물에 대해서는 점점 자신감이 생기고 있었지만, 배경과 인물이 있는 작품을 구상해서 밑그림을 그려 보면 마음에 들지 않았어요.

"당연하지! 원근법은 평행하는 두 직선을 투시도상에서 멀리 연장했을 때 하나로 만나는 소실점을 중심으로 크기와 거리를 표현하는 방법이거든. 원근법을 사용하면 멀고 가까운 것, 크고 작은 것 등을 잘 표현할 수 있어. 그리고 사실적이고 입체적인 느낌을 낼 수 있지."

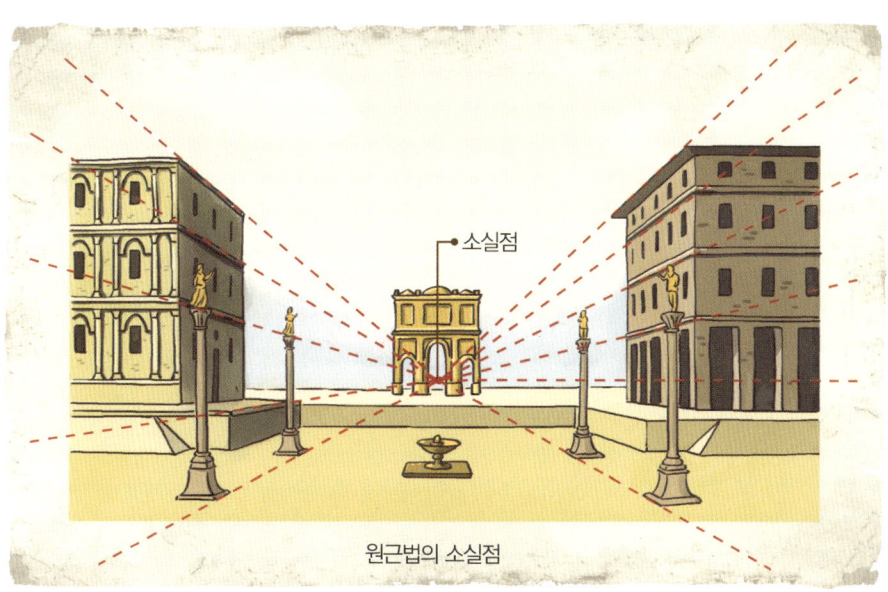

원근법의 소실점

"저는 제 그림에서 뭐가 문제인지 모르고 있었어요. 스승님께 여쭤 보고 싶었는데 창피해서 미루고 있었거든요. 당장 원근법을 배워야겠어요."

"그런데 자네가 놓치고 있는 게 있네. 원근법을 제대로 구사하려면 먼저 수학을 잘 알아야 한다네. 건축학이나 공학, 천문학에만 수학이 필요한 게 아니란 뜻일세."

"선생님, 훌륭한 화가가 되려면 수학자도 되어야 하는군요. 저는 호기심만 많았지, 무엇을 알아야 하는지 잘 모르고 있었어요. 당장 수학 공부를 시작해야겠어요."

"그런데 수학이 다가 아니라네. 그리스 신화를 소재로 한 그림을 의뢰받았다 치게. 멋진 그림을 그리려면 신화에 대한 해박한 지식이 있어야 하고, 이를 해석할 줄도 알아야 하네. 당연히 문학과 신학은 물론이고 철학도 알아야겠지. 또 자네가 만든 멋진 조각을 제대로 건물에 배치하려면 건축학도 알아야 하네. 좋은 물감을 만들기 위해서는 재료의 성질도 알아야 하지. 그러려면 식물학이나 화학도 필수라네."

다빈치는 커다란 주먹으로 머리를 맞은 듯 멍했어요. 화가라는 직업을 너무 단순하게 생각하고 있었다는 걸 깨달은 거예요.

"화가라는 직업은 참 대단한 거네요. 훌륭한 화가가 되려면 예술에 필요한 모든 지식을 가져야 한다고 하셨는데. 결국 화가는 만능이어야 한다는 말씀이지요?"

"허허, 대화한 보람이 있군. 내 말을 이렇게나 빨리 깨우치다니 대단하

원근법은 언제 시작되었을까?

원근법은 중세 그림과 르네상스 그림을 구분 짓는 아주 혁명적인 방법 중 하나예요. 3차원 공간과 물체를 캔버스나 스케치북 같은 2차원 평면 위에 정확하고 실감 나게 묘사하는 그림 기법이기 때문이에요. 즉 물체의 멀고 가까움을 그림으로 표현하는 것이지요.

중세 시대의 그림은 마치 트럼프 카드에 그려진 왕과 여왕처럼 평면적으로 그렸기 때문에 사실적이지 않았어요. 그런데 1400년대 초 건축가인 브루넬리스키는 그림을 실제처럼 보이게 하는 마법 원리를 생각해 냈어요. 멀리 떨어질수록 형태가 작게 보인다는 것은 누구나 알고 있었지만, 그는 이것을 수학적으로 계산해 체계화했던 거예요.

예를 들어, 평면 위에 그려진 인물이나 사물이 실제처럼 보이려면 가까이에 있는 인물들은 멀리 떨어져 있는 인물보다 훨씬 크게 그려야 해요. 그리고 이러한 원근법을 사용하려면 평면 위에 인물들이 들어갈 공간을 정확하게 계산해야 하기 때문에 수학을 알아야 했지요.

원근법을 그림에 최초로 접목한 사람은 15세기 초 화가인 마사초입니다. 마사초는 산타 마리아 노벨라 성당 한쪽 벽에 〈성 삼위일체〉라는 벽화를 그렸어요. 처음에 이 그림이 그려졌을 때, 사람들은 마치 성당의 벽에 구멍이 뚫려 있어서 사람들이 안으로 들어갈 수 있는 것처럼 느꼈다고 해요.

첸니 디 치마부에(1240~1302년경)의 〈천사에 둘러싸인 성모와 아기 예수〉에서는 원근법이 사용되지 않았다.

조반니 마사초(1401~1428년)의 〈성 삼위일체〉는 미술사상 처음으로 원근법을 사용한 작품으로 알려져 있다.

네. 베로키오는 참으로 똑똑한 제자를 두었구먼. 앞으로 자네의 성장을 옆에서 지켜보게 될 그 친구가 부럽네."

대성당 꼭대기에 청동 구를 얹다

알베르티와의 만남 이후, 다빈치의 지적 욕구는 맹렬히 불타올랐어요. 다빈치는 만능인이 되고 싶었고, 언젠가는 알베르티를 뛰어넘어 세상에서 가장 똑똑한 사람이 되고 싶었어요.

우선 다빈치가 관심을 가진 것은 원근법이었어요. 베로키오에게 원근법을 배우고 싶다고 하자, 그는 화가이자 세공사인 우첼로를 소개해 주었어요.

"나도 아직 원근법이 어렵단다. 원근법에 꾸준히 매달리기에는 신경 쓸 게 너무 많기도 하고. 나보다는 우첼로가 나을 거다. 우첼로는 기하학과 원근법에 미쳐 있거든."

다빈치는 나이 많은 우첼로와 금방 친해졌어요. 둘 다 동물, 특히 말을 무척이나 좋아했기에 마음이 잘 통했지요. 두 사람은 기하학과 원근법에 대해 토론하길 좋아했는데, 툭하면 새벽빛이 좁은 창문을 비집고 들어올 때까지 대화에 빠져 있곤 했어요.

우첼로 외에도 다빈치는 배울 게 있으면 열심히 다른 공방의 문을 두드렸어요. 물감에 대한 의견을 구하다가 화학의 기초를 배웠으며, 근육의 움직임에 대해 탐구하다가 해부학을 배우기도 했어요. 그리고 친구들을 통해 알게 된 역사학자들로부터 인류가 걸어온 길에 대해서도 배웠어요. 다빈치는 이들과 깊이 있는 토론을 벌이면서 지적인 행복감을 느꼈어요. 당시의 공방들이 같은 직종의 동료들에게 문을 활짝 열어 놓고 있었기 때문에 가능했던 일이지요.

바쁜 나날을 보내던 다빈치에게 또 한 번 신선한 자극을 맛볼 기회가 찾아왔어요. 다빈치가 공방에 들어온 이듬해인 1467년, 베로키오는 엄청난 주문을 받았어요. 피렌체 대성당의 꼭대기에 얹을 거대한 청동 구를 제작해 달라는 의뢰였어요.

이 작업은 다빈치가 처음부터 끝까지 제작 과정을 지켜보게 된 최초의 중대한 작업이었어요. 베로키오는 제자들과 함께 4년여에 걸쳐 지름이 6 m에 이르고 무게가 2 t이나 나가는 거대한 청동 구를 제작했어요. 그런데 완성한 청동 구를 설치하는 게 문제였어요. 작품을 완성했다고 해서 화가의 일이 끝난 것이 아니라는 것을 다빈치는 몸소 깨닫게 되었어요.

"무슨 수로 107 m나 되는 성당 꼭대기에 저 어마어마한 청동 구를 끌어올려 뾰족한 끝에 단단하게 고정시킨담! 그게 과연 가능할까?"

베로키오는 머리를 쥐어뜯으며 고민했어요. 핏발이 벌겋게 선 눈으로 성당 설계도를 태워 버릴 듯 노려보았지요. 견습생들도 함께 머리를 맞대고 방법을 논의했어요.

"너희들도 알다시피, 우리는 이것을 꼭대기에 고정할 방법을 생각해 내야 한다. 앞으로 어떤 작업들이 기다리고 있는지 말해 볼까?"

"청동 구를 고정할 지주를 만들어야 해요."

"이 청동 구가 세찬 바람에도 견딜 수 있도록 어디를 보강해야 하는지 알아내야 해요."

"청동 구를 끌어올릴 튼튼한 기중기도 만들어야 해요."

베로키오의 질문에 견습생들은 하나씩 답을 내놨어요. 말없이 고개를 끄덕이던 베로키오는 구상한 작업들을 종이에 그리거나 써 내려 갔어요. 또 가능한 모든 종류의 복잡한 계산에 몰두했지요. 기하학을 열심히 배우

고 있던 다빈치는 흥미롭게 종이들을 훑어보았어요. 이런 다빈치를 보고는 베로키오가 말했어요.

"젊은 시절, 나는 기하학에 푹 빠졌던 때가 있었단다. 화가가 아니라 수학자가 되고 싶다고 생각할 만큼 잘했는데, 그 덕을 이제야 보는구나."

피렌체 대성당 꼭대기의 청동 구

"청동 구를 설치하는 데 기하학이 필요할 줄은 몰랐어요."

"기계를 만들기 위해서는 설계를 해야 하는데, 완벽한 설계는 완벽한 수학이기도 하거든. 계산이 잘못되면 기계가 제 구실을 못하게 되니까."

그럼에도 한계에 부딪힌 베로키오는 피렌체 대학 교수들에게 자문을 구했어요. 덕분에 작업은 활기를 띠었고, 1471년 피렌체 사람들이 모인 가운데 금도금을 한 청동 구를 대리석 꼭대기 위에 설치할 수 있었어요.

다빈치는 청동 구 제작에서 설치까지 모든 작업을 지켜봄으로써 물리학, 역학, 기하학, 건축학은 물론이고 광석에서 금속을 골라내는 야금학까지 배울 수 있었어요. 알베르티의 말처럼 화가가 만능이 되지 않고는 해낼 수 없는 작업이었지요.

하지만 베로키오의 모든 제자들 가운데 다빈치만이 스승의 다양한 재능을 물려받았어요. 다른 제자들은 자신이 잘하는 한 분야만을 택해 매달렸고, 제자였던 산드로 보티첼리도 그림 외에는 흥미가 없었지요.

메디치 가문의 도서관

베로키오의 가장 사랑받는 제자였던 다빈치는 스무 살에 화가 조합의 정식 회원이 되었어요. 독립해서 자기만의 공방을 열고 직접 주문을 받을 수 있는 자격이 생긴 것이지요. 다빈치보다 일곱 살 많은 단짝 친구 보티첼리는 이미 2년 전에 자기 이름을 내건 공방을 열었기 때문에 모두들 다빈치도 곧 공방을 열 거라고 생각했어요.

하지만 다빈치는 당장 공방을 열어 주인이 되려는 마음이 없었어요. 아직 배울 게 많다고 생각했기 때문에 베로키오 옆에서 일을 거드는 것만으로도 충분했지요. 또 남들에게 밝히지 못한 속마음도 있었어요.

'나만의 공방을 열면 그만큼 책임이 따르고, 나를 위한 시간 따위는 꿈도 못 꾸게 되겠지. 책임을 지지 않는 대신 여가를 즐길 수 있을 거야. 명예를 좇느라 내가 좋아하는 일을 포기하고 싶지는 않아.'

다빈치가 좋아하는 일은 바로 끝없는 탐구였어요. 공방으로 베로키오를 찾아오는 사람들 중에는 일감을 의뢰하는 사람이나 동료 화가만 있는 게 아니었어요. 베로키오의 작업이 설계와 설치에 이르기까지 워낙 다양하다 보니, 베로키오는 대학교수들과도 교류가 많았어요. 다빈치는 이들로부터 철학과 과학 분야의 초보적인 지식을 얻을 수 있었지요.

그러나 다빈치는 여기서 만족할 수 없었어요. 좀 더 깊이 알고 싶었고, 주제가 무엇이든지 만족할 때까지 해답을 찾아 이리저리 떠돌았어요. 그러다 보면 어느새 새로운 호기심이 그를 사로잡았어요. 다빈치는 한 가지 일만으로는 절대로 만족할 수 없었어요. 어떤 것도 다빈치의 욕구를 완전히 충족시켜 주지 못했으니까요.

이러한 다빈치의 호기심을 채워 준 것은 책이었어요. 학자나 교수들과 교류하게 되면서 다빈치는 더욱더 책에 빠져들었어요. 하지만 공방의 조수로서 받는 돈으로는 겨우 입에 풀칠이나 할 정도였기 때문에 책을 살 수는 없었어요. 읽고 싶은 책이 있으면 언제나 책을 가진 사람을 수소문해서 기필코 찾아가 빌려달라고 사정해야 했지요. 그러나 지식의 샘물을 이미 맛본 다빈치는 언제나 지식에 목말라 했어요.

그러던 어느 날 베로키오가 말했어요.

"레오나르도, 피렌체에서 책이 가장 많은 곳이 어딘지 아니?"

"물론 알지요. 바로 메디치 도서관이잖아요."

다빈치는 메디치 도서관을 떠올리는 것만으로도 미친 듯이 가슴이 뛰었어요.

"하긴 책을 좋아하는 네가 그걸 모를 리 없지. 메디치 도서관은 메디치 가문이 수집한 수천 권의 희귀한 도서들로 가득하단다. 로렌초의 허락을 받아야만 들어갈 수 있지만 말이야."

피렌체는 공화국이었지만, 부유하고 막강한 권력을 가진 메디치 가문이 지배하고 있었어요. 메디치 가문의 사람들은 궁전 같은 저택에서 공화국의 공식 업무를 보았는데, 당시 메디치 가문의 우두머리는 로렌초 데 메디치였어요. 로렌초는 뛰어난 통치력과 예술에 대한 사랑 때문에 '위대한 로렌초'라 불리고 있었지요.

"스승님은 들어가 보셨어요? 정말 방 안 한가득 바닥부터 천장까지 책들이 빽빽하게 꽂혀 있나요?"

다빈치는 눈을 반짝반짝 빛내며 베로키오에게 바짝 다가갔어요.

"필요한 자료를 구하기 위해 몇 번 들어가 보기는 했지."

"정말요? 일반인은 아무나 들어갈 수 없는 곳이라고 들었는데, 역시 로렌초 님의 사랑을 받은 예술가는 다르네요."

다빈치의 얼굴에서는 부러움이 뚝뚝 묻어났어요. 사람들로부터 메디치 도서관에 대한 이야기를 들을 때마다 다빈치는 가슴에 돌덩이가 하나씩 쌓여 가는 기분이었어요. 로렌초와 친분이 없으면 도서관에 들어가 책을 읽을 수 없기 때문에 다빈치에게는 그림의 떡이었지요.

"레오나르도, 산드로가 그러는데 도서관을 눈앞에 두고도 들어갈 수 없다고 한탄했다며? 열흘 굶은 거지 앞에 진수성찬을 차려 놓고는 냄새도 맡지 말라고 하는 것과 같다고 말했다던데?"

"산드로 녀석, 입도 싸지. 로렌초 님으로부터 직접 주문을 받았다고 요즘 얼마나 뻐기는데요. 조만간 스승님처럼 로렌초 님이 사랑하는 예술가

명단에 올라가겠지요……."

"그건 산드로의 재능을 인정하기 때문이지. 너도 좀 더 그림에만 집중하면 산드로 못지않게 로렌초 님의 관심을 받을 텐데, 쯧쯧. 요즘 공방에 붙어 있는 시간보다 밖으로 돌아다니는 시간이 많다며?"

"나 몰라라 일을 팽개치고 다니는 건 아니에요. 견습생들이 잘하게끔

르네상스를 꽃피운 메디치 가문

로렌초 데 메디치(1449~1492년). 피렌체에 르네상스 문화가 꽃피게 한 예술과 문학의 후원자이다.

메디치 가문은 상업과 은행업으로 엄청난 부를 쌓았으며, 이러한 부를 기반으로 13세기 말부터 피렌체를 지배했어요. 15세기 말에 '위대한 로렌초'라 불리던 로렌초 데 메디치 때는 메디치 가문의 전성기였어요. 로렌초는 보티첼리, 미켈란젤로 등의 예술가를 지원했으며, 그리스와 로마의 고전 문헌을 수집하는 데 돈을 아끼지 않았어요. 피렌체가 르네상스의 중심지가 될 수 있었던 것도 이 때문이지요.
메디치 가문은 교황을 세 명이나 배출했으며, 프랑스로 시집간 앙리 2세의 왕비 카트린 드 메디치는 프랑스 문화 발전에 커다란 영향을 끼쳤어요. 손으로 음식을 먹던 프랑스에 포크를 도입하고, 향수와 발레를 전한 것도 카트린입니다.

News

산드로 보티첼리와 다빈치는 어떤 사이였을까?

산드로 보티첼리(1445~1510년)

베로키오 공방은 다빈치 말고도 유명한 예술가들을 많이 길러 냈어요. 그중에서도 산드로 보티첼리는 다빈치보다 먼저 세상에 알려져 교황의 초청을 받은 성공한 화가였어요.

베로키오 공방 시절, 다빈치는 보티첼리와 마음이 맞아서 곧잘 어울렸어요. 장난을 좋아하는 보티첼리가 친구들을 골려 줄 궁리를 할 때도, 마술이 취미인 다빈치가 비법을 개발할 때도 두 사람은 서로에게 좋은 친구가 되었어요.

공방의 다른 동료들보다 보티첼리를 좋아했던 다빈치는 보티첼리의 단점에 대해서도 애정 어린 충고를 아끼지 않았어요. 특히, 풍경을 되는 대로 그리는 보티첼리의 태도에 대해서는 몇 번이나 지적했지요.

"산드로, 네 그림 속 풍경은 마치 연극 무대의 배경처럼 보여. 인물들이 풍경 앞에서 왔다 갔다 할 뿐이지 풍경에 전혀 동화되지 않고 있잖아."

아쉽게도 보티첼리는 다빈치의 충고를 귀담아듣지 않았어요. 보티첼리가 그린 〈봄〉에서 님프의 발들이 땅에 붙어 있지 않은 것처럼 보이고, 〈비너스의 탄생〉의 나무들이 종이 판자처럼 보이는 것도 그 때문이에요.

산드로 보티첼리가 그린 〈봄〉(위)과 〈비너스의 탄생〉(아래)

정리해 주고 나간다고요. 전 작품에 대한 구상도 늘 하고 있어요. 제가 데생한 거 보셨잖아요."

다빈치는 공방 한쪽에 수북이 쌓인 종이들을 눈으로 가리켰어요.

"하지만 손이면 손, 주름이면 주름, 너는 어느 것 하나에만 빠지면 주구장창 그것만 그려 대지 않느냐."

"실제처럼 보일 때까지 끊임없이 연습하라고 한 건 스승님이시잖아요."

"너무 지나치니까 그렇지. 구상한 작품을 시작하기 전에 부분 연습하는 건 좋지만, 너는 내내 데생 연습만 하고 작품을 시작할 생각을 안 하니까 문제지."

"제 마음에 안 드는 걸 어쩌겠어요."

"만족을 모르는 것도 병이야. 허 참, 도서관 얘기를 한다는 게 그만 잔소리만 했구나."

"어차피 저는 들어가지도 못할 곳인데요, 뭘."

다빈치는 어깨를 축 늘어뜨리며 말했어요.

"이번에 완성한 작품을 갖다 드리려고 갔다가 로렌초 님을 뵈었단다. 산드로한테 들은 얘기도 있어서 슬쩍 로렌초 님께 네 얘기를 했더니……."

"설마 로렌초 님이 허락하신 건 아니지요?"

다빈치는 베로키오의 말이 끝나기도 전에 물었어요. 기대감에 심장이 터질 것 같아서 도저히 기다릴 수 없었어요.

"그래, 맞다. 로렌초 님이 허락하셨단다."

"스승님, 농담 아니지요? 장난치시는 거면 저 진짜로 화낼 거예요."

"쯧쯧, 진짜라니까 그러네. 내가 언제 실없는 농담하더냐?"

다빈치는 너무나 좋아서 믿기지가 않았어요. 그래서 그 길로 당장 메디치 도서관으로 달려갔지요.

들던 대로 도서관은 온 세상의 책이란 책은 다 모아 놓은 것 같았어요. 다빈치는 도서관에서 사탕처럼 달콤한 책을 맛보며 행복을 만끽했어요.

메디치 가문의 책 사랑은 로렌초의 할아버지 코스모 데 메디치 때부터 시작되었어요. 코스모는 유럽 전 지역은 물론이고 멀리 오스만 제국에까지 사람을 보내 갖가지 도서와 문헌들을 수집하게 했어요. 그 결과, 1만 점이 넘는 고대 사본과 희귀한 파피루스 사본 2,500여 점을 모을 수 있었지요. 코스모는 이렇게 모은 자료들을 바탕으로, 1444년 산 마르코 수도원에 유럽 최초의 공공 도서관을 설립했어요.

또 코스모는 많은 필경사들을 고용해 고전을 필사하게 했어요. 특히, 고대 그리스의 철학자 플라톤에 심취해 있었기에 플라톤 아카데미를 세우고, 플라톤의 책을 라틴 어로 번역하게 했어요. 이러한 코스모의 책에 대한 열정과 사랑은 손자인 로렌초로 이어져 유명한 메디치 도서관이 탄생하게 되었지요.

다빈치가 살던 시대에는 책이 부유한 사람이나 가질 수 있을 정도로 귀했어요. 메디치 도서관에서 문화적 충격과 학문의 자극을 받은 다빈치는 책에 대한 욕심이 누구보다 컸어요. 여유가 생길 때마다 사 모은 책이

1505년 무렵에는 116권이나 되었고, 나중에는 200여 권이 넘었어요. 이렇게 읽은 책들은 다빈치를 예술가이자 과학자로 거듭나도록 만들었어요. 다빈치가 다양한 분야에서 뛰어난 업적을 이룩할 수 있었던 이유는 바로 '독서의 힘'이라고 할 수 있어요.

- 교양 지식이 필요해
- 밀라노에서 류트를 켜다
- 〈최후의 만찬〉을 그리다
- 신비로움을 머금은 〈모나리자〉

다양한 지식을 융합한 예술성

화가는 만능인이어야 한다 3

사람들은 지식이 많고 재능 있는 사람을 뜻하는 '르네상스 인'으로 레오나르도 다 빈치를 제일 먼저 꼽아요. 그가 미술, 음악, 수학, 물리, 천문, 지리, 건축, 기계 등 다양한 분야에서 뛰어난 재능을 보였기 때문이지요. 그림에 재능이 있어 화가를 꿈꿨던 다빈치는 어떻게 해서 르네상스 인이 되었을까요?

교양 지식이 필요해

"헥토르의 자손이 이곳을 통치한 지 300년이 되는 어느 날,
신을 모시던 왕녀 일리아가 전쟁의 신 마르스와
의 사이에서 쌍둥이를 낳으리라.
쌍둥이 중 형인 로물루스는 늑대의 품에서 자라
누런 털가죽을 좋아하게 되었는데,
훗날, 사람들을 모아 마르스 성벽을 세우고
자신과 그들을 '로마 인'이라 이름 붙이리라.
나는 이들에게 영토와 세월이 끝없이 펼쳐지는
광활한 제국을 허락하겠노라."

베르길리우스(기원전 70년~기원전 19년). 로마의 국가 서사시 〈아이네이스〉를 지은 유명한 시인이다.

저녁 어둠이 내려앉은 골목은 공방 창문에서 흘러나오는 시로 가득 차 있었어요. 바로 고대 로마의 대표 시인 베르길리우스의 대서사시 〈아이네이스〉였어요. 베로키오 공방의 사람들은 여느 때와 마찬가지로 은은한 류트 소리에 맞춰 낭송되는 시를 들으며 데생 연습을 하거나 조용히 토론을 벌이고 있었지요.

다빈치는 독립한 뒤 놀러 온 보티첼리 앞에서 포즈를 취하고 있었어요. 매혹적이고 눈부신 미모를 갖춘 다빈치는 그림의 모델로 인기가 높았어

요. 베로키오 공방뿐 아니라 다른 공방의 견습생들도 다빈치를 스케치하고 싶어 했지요. 저녁에 다른 할 일이 많아 다빈치는 귀찮아 했지만 동료들의 부탁을 매번 거절할 수는 없었어요. 그래서 공방에 놀러 온 보티첼리가 부탁하자 투덜거리며 포즈를 취해야 했지요. 한 손은 턱을 괴고, 또 다른 한 손은 턱을 괸 팔꿈치를 받치고 있느라 다빈치는 아까부터 팔이 저려 무척이나 힘들었어요. 그런데 열심히 움직이고 있어야 할 보티첼리의 펜이 꼼짝도 안 하고 있었어요.

"산드로, 안 그리고 뭐하는 거야? '아이네이스'는 벌써 몇 번이나 낭송되었잖아. 다 아는 내용인데 왜 그렇게 정신 팔고 있는 거야?"

다빈치의 투정에도, 보티첼리는 여전히 시에 귀를 기울였어요.

"로마의 건국을 노래한 '아이네이스'는 아무리 들어도 질리지 않아. 트로이 전쟁의 영웅 아이네이스가 신의 뜻을 받고 부하들과 함께 방랑하다 천신만고 끝에 로마 제국의 기초를 다진다……, 얼마나 멋진 얘기인지! 베르길리우스는 정말 위대한 시인이야."

"나도 그건 인정하지만 달달 외우고 싶을 정도는 아니야."

"레오나르도, 시를 암송하는 건 교양인으로서 필수야. 직설적으로 자기 생각을 표현하는 것보다 시를 인용해서 자기의 마음을 간접적으로 표현하는 게 교양인다운 거라고."

다빈치는 피렌체에서 여러 해를 보냈고, 베로키오 덕분에 어느 정도 교양을 배웠어요. 그러나 시골에서 쓰던 사투리와 촌스런 말투는 여전했어요. 다빈치는 상류사회 사람들처럼 으스대며 잰 체하는 겉치레를 싫어했어요. 게다가 베로키오가 다빈치의 사투리 억양을 놀리지 않았기 때문에, 다빈치도 고치려고 별다른 노력을 하지 않았지요.

"나는 다른 사람의 작품을 암송하고 떠들어 대는 것보다 스스로 시를 짓는 것이 낫다고 생각해. 토론 자리에서 다른 작가들의 말을 내세우는 자들은 자신의 재능이 아닌 기억력을 자랑할 뿐이야."

"레오나르도, 네가 라틴 어 원문을 안 읽어 봐서 그래. 베르길리우스가 얼마나 위대한지 제대로 알고 싶다면 라틴 어 원문을 읽어 보라고."

"산드로, 내가 라틴 어를 못하는 걸 알면서 일부러 그러는 거지? 귀한 시간 내서 인형처럼 이렇게 서 있느라 죽을 맛인데 말이야."

다빈치는 저린 팔을 주무르며 말했어요. 보티첼리가 움직이지 말라는 뜻으로 눈썹을 씰룩이자, 다빈치는 한숨을 내쉬며 다시 자세를 취했지요.

"네가 라틴 어를 배우지 않는 게 이상하단 뜻이었어. 우리 공방만 해도 라틴 어를 읽을 줄 아는 사람이 꽤 있잖아. 나도 그렇고 말이야."

"흥, 이탈리아 어로 번역된 책도 아직 다 못 읽고 있는데 뭘. 지금부터 라틴 어를 배워 봤자, 한 자 한 자 손가락으로 짚어 가며 읽을 수 있게 되는 데만도 한참 걸릴걸. 너처럼 어려서부터 라틴 어를 배웠으면 모를까. 그렇지 못한 나로서는 책 한 권에 그렇게 많은 시간을 쓸 수 없어. 세상의 지식을 알아가는 것도 바쁘다고."

다빈치는 팔을 뻣뻣하게 든 채 콧방귀를 뀌었지요.

"하긴, 너는 못 말리는 책벌레니까. 물론 라틴 어로 된 책은 싫어하는 편식쟁이 책벌레지만. 그건 그렇고 내일 메디치 저택에 간다며?"

"스승님이 추천해 주신 덕분에, 로렌초 님이 나를 만나 보겠다 하셨대. 메디치 가문은 우리 공방의 제일가는 손님이잖아. 또 로렌초 님께 잘 보여야 화가로 성공할 수 있다고들 하고. 산드로 너는 이미 로렌초 님의 눈에 들어서 잘나가고 있지만."

로렌초는 예술가들과 가깝게 지내며 그들을 후원했고 이를 정치적으로 활용했어요. 예술가들을 다른 도시의 통치자들에게 파견하는 외교 전략을 씀으로써 권력을 과시했던 거지요. 메디치 가문의 예술가 파견은 르네상스 확산에 큰 역할을 했을 뿐만 아니라 피렌체의 예술 양식을 유럽 전역에 알리는 데도 기여했지요. "메디치 가문이 없었다면 르네상스도 없었을 것"이라는 말까지 나올 정도였지요. 그래서 많은 예술가들이 로렌초의 눈에 들어 다른 도시로 파견되기를 원했어요.

"로렌초 님이 내 그림을 좋아하는 이유는 그분도 나처럼 신화를 좋아하시기 때문이야. 신화를 소재로 한 내 그림들이 고대 미술품에 대한 열정을 만족시켜 준다나. 게다가 내가 지은 라틴 어 시도 마음에 들어 하시지. 정말 내일이 기대되는걸. 로렌초 님도 너처럼 유명한 책벌레니까, 두 사람이 만나면 대화가 잘 통해서 즐거울 거야."

"나 같은 사람을 위대한 로렌초 님께 견줄 수나 있겠니? 그분이 메디치 가문의 수장으로서 어려서부터 대단한 교육을 받았다고 해서 궁금한 것뿐이야. 고전을 제대로 교육 받기 위해서 플라톤 철학 선생을 포함해, 선생만 네 명이나 두고 공부했다잖아."

"그런 교육 덕분에 스무 살 때부터 피렌체를 통치하고 있잖아. 나이도 너보다 겨우 세 살 많은데 말이야."

"흥, 로렌초는 역시나 위대하단 말이군. 나는 아직 스승님한테서 독립도 못한 가난뱅이 화가일 뿐이고. 로렌초 님의 눈에 들어 성공이 보장된 너와는 달리!"

"미안, 그런 뜻이 아니었어. 나는 단지 두 책벌레가 만나면 무슨 대화를 할지 궁금했을 뿐이야."

"사과할 거 없어, 산드로. 나는 괜찮으니까. 내가 책을 마음껏 읽을 수 있게 된 것도 메디치 가문 덕분이니까."

다빈치는 마음으로부터 로렌초에게 감사하고 있었어요. 그래서 만남에 대한 기대도 컸지요.

다음 날 방문한 메디치 저택은 화려하고 웅장했어요. 정원을 장식한 커다란 석상에서부터 작은 꽃병, 자수를 화려하게 수놓은 커튼, 의자 하나까지도 아름답지 않은 게 없었어요. 저택 자체가 그야말로 하나의 예술 작품이었어요. 베로키오의 심부름 때문에 몇 번 와 보기는 했지만, 올 때마다 볼거리가 너무 많아 구경하는 눈이 바빴지요.

"자네가 다빈치로군. 베로키오가 입만 열면 칭찬해서 궁금하던 참이었네."

로렌초는 20대 중반으로, 잘생긴 것과는 거리가 먼 얼굴이었어요. 창백하고 넓은 얼굴, 두툼한 목, 아래로 주저앉은 넓은 코. 미남으로 소문난 다빈치와 나란히 서니 못생긴 얼굴이 더욱 도드라져 보였지요.

"도서관 책임자가 자네 때문에 문턱이 닳아 없어질 것 같다고 너스레를 떨더군."

유행과는 거리가 먼 단

메디치 저택의 정원

89

순한 옷을 입은 로렌초가 한껏 멋을 낸 다빈치를 눈으로 훑으며 물었어요. 다빈치는 당시의 멋쟁이 젊은이들처럼 머리를 기르고 앞머리는 짧게 잘라 곱슬곱슬하게 지져서 베레(챙이 없고 둥글납작하게 생긴 모자)를 쓰고 있었어요. 꼭 끼는 윗옷에 허리까지 올라오는 긴 양말도 신었고요. 로렌초에게 좋은 인상을 주기 위해서 평소보다 더 신경 써서 차려입었지요.

"도서관 출입을 허락해 주셔서 감사합니다. 제게는 메디치 도서관이 황금으로 가득 찬 보물 창고보다 더 값진 곳입니다."

"책을 좋아하는 사람에게 도서관보다 더 좋은 곳은 없지. 그런데 자네가 빌려 간 목록을 보니 꽤 깊이가 있는 책들이었어. 자네는 화가가 아니라 학자가 되고 싶은 건가?"

"저는 단지 지식을 좋아하는 화가일 뿐입니다."

"지식을 좋아하는 화가라……. 얼마 전에 피렌체 대학의 교수를 만났는데 자네 얘기를 하더군. 교수들과 친하게 지낸다고 들었네."

지식에 몹시도 굶주려 있던 다빈치는 아는 것이 많은 사람이라면 가리지 않고 찾아가 호기심이 풀릴 때까지 묻고 또 물었어요. 그러다 보니 피렌체 대학에서 다빈치를 모르는 교수가 없을 정도였지요.

"그렇게나 공부가 좋으면 그림은 그만두고 대학에 들어가지 그러나?"

"저는 사생아로 태어났기 때문에 대학에 들어갈 수 없습니다. 하지만 대학에 입학하지 않고도 공부할 수 있는 방법은 많습니다. 책 속에 모든 것이 있고, 모르는 게 생기면 잘 아는 사람을 찾아가 물으면 되니까요."

"흠, 들자 하니 꽤 늦은 나이에 공방에 들어왔다지? 그전에는 어디서 교육 받았나?"

"피렌체에 오기 전까지는 시골 마을에서 살았습니다. 읽고 쓰는 것 말고는 제대로 된 교육은 받을 수 없었지요."

"말투가 어쩐지 세련되지 못하고 거칠다 했더니 역시나 촌뜨기였군."

다빈치는 로렌초의 말에 화가 났어요. 어서 빨리 그 자리에서 벗어나고 싶었지요. 그러나 화가로 성공하기 위해서는 로렌초의 지지와 후원이 필요했기 때문에 애써 담담한 표정을 지으며 서 있을 수밖에 없었어요.

"도서관에서 빌려 읽은 책들을 보니 과학 분야뿐만 아니라 철학, 지리학 등 다른 분야에도 관심이 대단하더군. 그것에 비해 문학 책은 별로 보지 않던데, 고전 문학을 좋아하는 나로서는 그 이유가 궁금하군."

"고전 문학을 싫어하는 것은 아닙니다. 도서관에 있는 문학책이 대부분 그리스 어나 라틴 어로 쓰여 있어서 그랬습니다."

"피렌체에서 학자들 말고는 그리스 어를 잘하는 사람이 많지 않으니 이해가 되네만, 설마 라틴 어를 모르지는 않겠지?"

"모릅니다. 하지만 이탈리아 어로 번역된 것은 대부분 읽었습니다."

"세상에나! 라틴 어를 모른다니. 내 저택에 출입하는 이들 중에 라틴 어로 시를 지을 줄 모르는 사람은 없네."

로렌초는 다빈치를 마치 시골에서 갓 올라온 무지렁이라도 되는 듯 쳐다보았어요.

"내 어머니는 내가 걸음마를 시작하자마자 라틴 어와 그리스 어 시를 배우게 하셨지. 시를 외우고 낭송하는 것은 내 삶의 일부였네. 내가 처음으로 베르길리우스의 시를 편지에 인용한 것도 여섯 살 때였어."

다빈치는 자신이 여섯 살이었을 때 무엇을 하고 있었는지 떠올렸어요. 여느 날처럼 빈치의 들판에서 뛰어놀고 있었을 게 틀림없었지요. 물론 글을 모를 때니 편지를 쓸 일도 없었고요.

"저도 라틴 어를 잘하면 좋겠다는 생각은 많이 했습니다. 하지만 능숙하게 읽기까지 많은 시간을 필요로 하는 언어라서, 저는 그 시간에 번역본을 읽기로 한 것입니다. 아직까지 제 선택을 후회하지는 않습니다."

하지만 다빈치를 보는 로렌초의 표정은 금방이라도 얼음이 뚝뚝 떨어질 것처럼 차가웠어요. 어려서부터 최고의 교육을 받아 온 로렌초로서는 학문을 좋아한다면서 라틴 어는 모른다는 다빈치가 이해되지 않았어요. 게다가 베로키오가 입에 침이 마르도록 칭찬한 화가의 재능도 의심스러웠어요. 여기저기 관심이 많은 만큼 재주가 다양할지는 몰라도 아주 뛰어난 재주는 하나도 없을 거라 생각했지요.

메디치 저택을 나오는 다빈치의 발걸음은 무거웠어요. 화가로서의 앞날에 먹구름이 끼는 것을 느꼈지요. 다빈치의 예감대로, 로렌초는 다빈치에게 변변한 일감 하나 주지 않았어요. 메디치 가문은 변함없이 베로키오를 후원했지만 다빈치의 존재는 무시했지요.

〈목 매달린 죄인〉 스케치(1479년). 다빈치가 로렌초에게 화가로 뽑히기 위해 죄인의 처형 장면을 그린 것이다. 죄인의 복장에 대해서도 자세히 적어 두었다.

다빈치는 로렌초에게 자신의 재능을 증명할 기회가 꼭 오리라 믿었어요. 그리고 드디어 기회가 왔어요. 1479년 로렌초는 죽은 동생을 기리기 위해 동생을 죽인 죄인들의 처형 장면을 묘사할 화가를 찾는다고 대대적으로 알렸어요. 다빈치는 스케치를 그리며 누구보다 열심히 준비했어요. 하지만 실망스럽게도 영광의 주인공은 다빈치가 아닌 친구 보티첼리였어요.

다빈치는 좌절했지만 몇 년 후 로마로부터 더 좋은 기회가 찾아왔어요. 1481년 교황으로부터 시스티나 성당을 장식할 만한 가장 훌륭한 화가들을 보내 달라는 요청이 온 거예요. 이 때문에 피렌체의 모든 공방들은 기대로 들끓었지요.

교황청은 당시 이탈리아에서 가장 큰 공사장이었어요. 피렌체에는 시스티나 성당 장식 같은 규모가 큰 작업이 없었기 때문에 모두들 그 일에 참여하고 싶어 안달이 났지요. 희망에 부푼 다빈치는 베로키오를 따라 베네치아에 가는 것을 포기했어요. 로렌초로부터 주문을 하나도 못 받았지만, 다빈치는 피렌체에서 유명한 화가였기 때문에 이번에는 확실히 뽑힐 거라고 기대했지요. 하지만 로렌초는 다빈치에게 기회를 주지 않았어요. 다빈치는 보티첼리와 동료 화가들이 로마 여행길에 오르는 것을 눈물을 삼키며 배웅해야 했지요.

다빈치는 평생 스스로 '학식이 부족하다'고 말했지만, 사실 그 시대의 많은 학자들보다 더 많은 책을 가지고 있었어요. 그렇지만 그가 가장 흥미를 갖고 있던 고대의 과학책들이 모두 이탈리아 어로 번역되어 있는 것도 아니었고, 몇 년간 찾아다닌 그리스 과학책 중에는 라틴 어로만 번역된 것도 있었어요.

결국 다빈치는 연구를 계속하기 위해 마흔이 넘은 나이에 라틴 어를 배우기 시작했어요. 라틴 어 동사 변화를 수첩에 적고 외우며 공부했지만, 라틴 어는 어떤 학문보다 오르기 힘든 산이었어요. 아주 단순한 문장을 쩔쩔매면서 잘못 번역하거나 형편없이 번역하기도 했지요.

 '정말 머리에 들어오지 않아. 언제쯤이면 내가 읽고 싶은 책을 술술 읽게 될까. 좋은 공부법을 찾아봐야겠어.'

 다빈치는 이 궁리 저 궁리 하다가 용어집을 만들기로 했어요. 그는 손에 펜을 쥐고 책을 읽으면서 새로운 라틴 어 어휘가 나올 때마다 용어집에 적었어요. 특별히 그의 관심을 끄는 긴 문장은 낱낱이 베껴 적었지요.

 다빈치의 노력은 여기에서 그치지 않았어요. 책을 읽다가 비판을 하고 싶거나 뭔가 떠오르면 베껴 쓴 문장 아래에 자신의 생각을 덧붙여 달았어요. 그리고 그 옆에 그것을 설명하는 이미지를 스케치했어요. 이러한 노력 덕분에, 마침내 다빈치는 혼자서 고대 과학에 접근할 수 있었어요.

밀라노에서 류트를 켜다

일찍부터 재능을 인정받은데다 잘생기고 똑똑하고 유머 감각도 풍부한 다빈치는 공방 화가들 사이에서 가장 인기 있고 매력적인 사람이었어요. 그래서 모두들 다빈치가 피렌체 최고의 화가가 될 거라 믿었지요.

베로키오 공방의 천재 견습생 다빈치는 스물여섯 살에 화가로 독립했지만, 그의 삶은 성공과는 거리가 멀었어요. 다빈치가 그림보다 다른 데 정신이 팔려 있는 것도 문제였지요. 기계를 설계하거나, 도시 계획을 세우거나, 류트를 연주하거나, 승마를 하는 등 하고 싶은 일이 너무도 많았기 때문이었어요. 다빈치는 호기심을 좇느라 맡은 일을 종종 제대로 끝내지 못했어요. 독립하고 나서 의뢰받은 일 중에는 밑그림만 그리고 그만두거나, 완성하지 못하고 시간만 끌고 있는 그림도 있었지요.

다빈치가 밀라노 시절에 그린
〈어느 음악가의 초상〉(1490년경)

"다빈치가 초상화를 잘 그린다지? 재능이 뛰어나다고 소문이 자자하던데, 이번에 내 초상화를 의뢰해 볼까 하네."

"아이고, 다른 화가를 알아보게나. 대단한 화가면 뭘 하나? 아마 자네가 죽은 다음에나 완성된 초상화를 받게 될걸?"

사람들은 다빈치의 재능을 인정하면서도 한 가지 일에 몰두하지 못하는 그를 믿지 못했어요. 다빈치는 로렌초로부터도 계속 푸대접을 받았어요. 로렌초는 다빈치보다 못한 화가들을 뽑아 궁전을 장식하게 하고 축제에 필요한 그림을 그리게 했지요. 다빈치는 로렌초의 추천을 받아 다른 도시로 파견될 몇 번의 기회마저 좌절되자 점점 피렌체가 싫어졌어요. 서른 살이 되도록 여전히 빈털터리였던 다빈치는 마침내 큰 결심을 했어요. 피렌체를 떠나 새로운 후원자를 찾기로 한 거예요.

다빈치가 로렌초 대신 생각한 후원자는 밀라노의 스포르차 공작으로, 다빈치와 동갑이었어요. 다빈치는 뛰어난 가수이자 연주자였고, 직접 악기를 만들고 작곡도 했어요. 다빈치의 연주를 들은 로렌초는 음악가의 재능만은 기꺼이 인정했어요. 그래서 다빈치를 음악가 자격으로 밀라노에 파견했어요. 다빈치가 만든 류트를 음악 애호가인 스포르차 공작에게 선물하도록 하기 위해서였지요.

다빈치는 밀라노에 가면 반드시 공작의 마음에 들도록 노력하리라 마음먹었어요. 밀라노는 스포르차 공작이 다스리는 공국으로, 피렌체보다 예술가들의 수가 적었어요. 그래서 다빈치는 밀라노에서 화가로서 성공하겠다고 결심했지요.

류트

밀라노에 도착한 다빈치는 스

포르차 공작에게 류트를 공손하게 내밀었어요. 류트를 본 공작은 감탄사를 터뜨렸어요.

"오, 이것이 무슨 악기인가? 류트처럼 보이지만 모양이 참으로 괴상하게 생겼군그래."

베로키오 공방에서 금은 세공술을 배운 다빈치는 은으로 된 악기에 끌로 조각을 했어요. 조각은 말의 두개골 모양이었는데, 독특하면서도 기묘했지요.

"말씀하신 대로 류트가 맞습니다. 제가 직접 만들었지요."

루도비코 스포르차(1452~~1508년) 공작.
다빈치를 비롯해 당시 르네상스 시대의 많은 예술가를 후원했다.

"이렇게 생긴 류트는 처음 보는군. 괴상하지만 아름다워. 과연 이 악기에서 어떤 소리가 나올지 궁금하군. 로렌초에게 훌륭한 류트 연주자라고 들었는데 한 번 연주해 보게."

다빈치는 자신을 철석같이 음악가로 알고 있는 스포르차 공작을 보고 속으로 한숨을 삼켰어요. 하지만 실력을 최대한 발휘해 멋진 연주를 선보였지요. 연주에 심취한 나머지, 자신이 지은 노래까지 곁들였어요. 그곳에 모인 사람들은 다빈치의 연주에 모두 깜짝 놀랐어요. 음악을 좋아하는

공작은 누구보다 열렬히 박수를 치며 칭찬을 아끼지 않았고, 밀라노 음악계도 다빈치를 향해 문을 활짝 열어 주었어요. 하지만 다빈치는 음악을 직업으로 삼고 싶은 마음이 없었어요. 음악은 그에게 기분 좋은 취미였을 뿐이었지요.

다빈치는 공작에게 화가로서 기회를 달라고 하고 싶었지만 참았어요. 이렇게 말할 게 뻔했기 때문이지요.

"나는 로렌초로부터 피렌체의 재능 있는 화가들에 대해 수없이 들어왔네. 하지만 자네 이름은 한 번도 들어 본 적 없군. 화가를 다른 나라로 파견해 과시하기를 좋아하는 로렌초가 실력 있는 화가를 몰라 볼 리 없지 않은가?"

다빈치는 공작이 자신에게 관심을 보일 때까지 무작정 기다릴 수만은 없었어요. 잠자리와 먹을거리를 해결해야 했기 때문에 밀라노의 한 공방에 들어가 일감을 받아 함께 작업을 했어요. 아쉬운 출발이었지만, 언젠가는 자신의 재능을 알아 줄 날이 올 거라고 기대했지요.

그의 기대대로 다빈치는 점차 단독으로 일감을 받게 되었고, 조금씩 화가로 인정받기 시작했어요. 〈바위 동굴의 성모〉를 시작으로, 느리지만 차곡차곡 작은 성공을 쌓아 가던 다빈치는 〈흰 담비를 안고 있는 여인〉 덕분에 하루아침에 일급 화가로 탈바꿈했어요.

공작이 사랑하는 여인을 그린 〈흰 담비를 안고 있는 여인〉은 흔히 보던 초상화와는 확실히 달랐어요. 여인의 피부는 마치 살아 있는 사람의 피부처럼 고왔고, 오른쪽으로 향한 시선은 전통을 깬 신선한 구도였어요. 스포르차는 이 아름답고 섬세한 작품에 홀딱 반하고 말았지요.

스포르차 공작은 다빈치가 다양한 능력을 가진 재주꾼이라는

다빈치가 루도비코 스포르차의 연인을 그린
〈흰 담비를 안고 있는 여인〉(1490년경)

<바위 동굴의 성모>를 둘러싼 다빈치와 수도사들의 갈등

다빈치의 예술에 대한 열정과 고집은 유명해요. 그가 어떤 경우에도 자신의 그림에 대한 고집을 굽히지 않았기 때문이지요.

1486년 처음 <바위 동굴의 성모>가 세상에 선을 보였을 때 사람들은 놀라 입을 다물지 못했어요. 하지만 그림을 의뢰했던 수도사들은 다빈치가 계약을 위반했다며 분노했어요. 주인공들에게 금박으로 수놓은 옷을 입히고, 머리에 후광을 그려 달라고 했는데 무시했다는 이유 때문이었지요. 다빈치 또한 인물의 옷 색깔과 배치, 배경까지 세세히 지시한 계약서는 예술가의 창작 의욕을 꺾는데다 자신에게 굴욕감을 주었다며 맞섰어요.

하지만 다빈치는 수도사들의 요구를 들어 줄 수밖에 없었고 그림을 다시 그려야만 했답니다.

첫 번째 그린 <바위 동굴의 성모> (1486년)

두 번째 그린 <바위 동굴의 성모> (1508년)

것을 알게 된 뒤 다빈치에게 여러 가지 일을 맡겼어요. 그림을 그리고 조각품을 만드는 한편, 축제를 연출하고, 안뜰을 설계하고, 무기를 제작하고, 건물을 설계하는 일까지 다빈치가 하는 일은 다양했어요. 물론 음악으로 궁정 사람들을 즐겁게 해 주는 것도 빼놓을 수 없었지요. 다빈치가 이처럼 다양한 일을 할 수 있었던 것은 화가는 만능인이어야 한다는 생각과 노력 덕분이었어요.

<최후의 만찬>을 그리다

"다빈치는 오늘도 안 나타났나? 그림은 안 그리고 도대체 뭘 하고 있는 거지? 온갖 잡동사니가 나뒹굴고 있는 걸 보는 것도 이젠 지긋지긋해."

수도원장은 그림 도구들로 어지럽혀진 식당을 둘러보며 못마땅한 표정을 지었어요.

다빈치가 밀라노에 온 지도 어느덧 13년이나 지났어요. 서른 살의 가난뱅이 음악가는 마흔세 살의 성공한 화가가 되어 있었지요. 모두가 스포르차 공작의 든든한 후원 덕분이었어요.

"유다의 얼굴만 그리면 되는데도 일 년 넘게 붓 한 번 대지 않았어요. 아예 코빼기도 보기 힘들다니까요. 하루 종일 보르게토에서 죽치고 있다는 말까지 들었어요."

젊은 수도사가 냉큼 고자질을 했지요.

"보르게토라니! 거기는 불량배들이 득실대는 데가 아닌가? 맙소사, 게으름뱅이 화가가 이제는 불량배들과 어울리기까지 한단 말인가? 어찌해야 합니까, 주여!"

수도원장은 하늘을 향해 두 팔을 벌리며 소리쳤어요. 그러고는 득달같이 스포르차 공작을 찾아가 다빈치에 대해 미주알고주알 일러바쳤지요. 수도원장의 말에 공작은 즉시 다빈치를 불러들였어요.

"원장 말로는 자네가 게으름을 부리느라 작품을 완성하지 못하고 있다더군. 게다가 보르게토에도 드나든다며?"

"공작님, 수도원장은 예술을 전혀 이해 못 하고 있습니다. 곡괭이질처럼 밀어붙인다고 되는 게 아니지요. 제가 보르게토에 가는 이유는 유다의 얼굴을 찾기 위해서입니다."

다빈치는 한숨을 내쉬며 푸념했어요.

"아직도 유다 타령인가! 일 년 동안 전혀 진전이 없군그래."

"유다는 모든 사람이 알고 있는 소문난 악당입니다. 그런데 아직 제 마음에 들 만큼 아주 야비하고 사악한 얼굴을 찾아내지 못했습니다. 이 얼굴을 찾기만 하면 작품은 하루 만에도 마칠 수 있지요."

"원장의 원성이 워낙 자자해서 말이야. 내 입장이 참으로 난처하군."

"그럼 원장의 얼굴을 유다로 택하면 되겠군요. 저에 대해 불만을 늘어놓을 때 보면 영락없이 제가 찾는 유다의 얼굴이니까요."

다빈치의 대답에 공작은 재미있다며 껄껄댔어요. 그리고 수도원장에게 다빈치의 말을 전하며 더 이상 재촉하지 말라고 했지요. 수도원장은 화가 나서 얼굴이 붉으락푸르락 달아올랐어요. 하지만 혹시라도 자신을 유다의 모델로 쓸까 봐 더 이상 다그치지 않았어요.

다빈치와 수도원장이 실랑이한 그림은 훗날 세상에서 가장 훌륭한 그림이라 불리게 된 〈최후의 만찬〉이었어요.

1495년 어느 날, 공작이 다빈치를 궁으로 불렀어요. 중요한 작품을 의뢰할 거라는 귀띔을 들었기에 다빈치는 기대에 부풀어 있었지요.

"산타 마리아 델레 그라치에 성당은 우리 가문의 성당으로, 내가 자주 명상을 하는 곳이네. 나와 아내, 아이들이 죽으면 묻힐 곳이기도 하지. 이

성당에 딸린 수도원 식당에 자네가 벽화를 그렸으면 하네."

"벽화라고요? 생각해 두신 소재가 있는지요?"

"자네가 '최후의 만찬'을 그려 주었으면 하네. 예수가 십자가에 못 박혀 죽음을 당하기 전날, 제자들과 마지막 식사를 하던 모습 말일세."

다빈치는 공작의 의뢰를 흔쾌히 수락했어요. 이 소재는 전통적으로 수도원 벽에 장식되곤 했는데, 다빈치도 꼭 한 번 그려 보고 싶었지요. 다빈치는 그 길로 당장 수도원 식당을 찾아갔어요. 캔버스가 될 벽을 직접 보려고 간 것만은 아니었지요.

다빈치는 수도사들이 식사하는 장면을 지켜보며 꼼꼼히 스케치했어요. 수도사들이 실제로 사용하는 사각 탁자, 접힌 자국이 선명한 술이 달린 식탁보, 요리가 담긴 큰 접시, 평소에 사용하는 유리잔 등을 관찰하며 그렸지요. 1,500여 년 전 예수가 사용했을 법한 도구들을 상상해서 그리느니, 수도사들이 평소에 쓰는 식사 도구들을 표현하는 게 낫다고 생각했던 거예요.

'생동감 없이 뻣뻣하게 벽만 차지하는 그림을 그릴 바에야 그만두는 게 낫지. 그러려면 어떤 구도가 좋을까? 배경은 어떻게 하지?'

다빈치는 가로 9 m, 세로 4.6 m의 거대한 벽 앞에서 하루 종일 뒤로 물러났다가 가까이 다가가기를 반복하며 생각에 잠겼어요.

'생각났어! 그림 속 가상 공간을 식당의 실제 공간으로 연장시키는 거야. 벽을 장식하는 그림이 아니라, 수도사들이 식사하는 동안 매일 저녁 이곳에서 최후의 만찬이 행해지는 그림으로 만드는 거야."

다빈치가 선택한 '최후의 만찬' 장면은 예수가 빵과 포도주를 들고 축복하는 모습이 아니라, 제자 중 한 명이 예수를 배반할 거라고 알리는 모습이었어요. 그는 몇 번이나 성서의 그 장면을 반복해 읽으면서 작품의 내용을 구상했어요.

'손짓과 태도, 인물들의 모습만으로도 이야기가 떠올라야 해. 그림은 말 없는 시라 할 수 있거든. 자, 그렇다면 제자들에게 각자 역할을 줘 볼까? 포도주를 마시던 한 명은 잔을 내려놓고 말하는 사람 쪽으로 고개를 돌리는 거야. 다른 한 명은 손가락을 깍지 낀 채 눈살을 찌푸리며 동료를 향해 몸을 돌리고 말이야. 그리고 다른 사람은……'

다빈치는 예수와 제자들을 화면 안에서 다양하게 배치해 보았어요. 여러 장을 스케치하다 마음에 들지 않자 기하학 연구 노트를 꺼내 거기서 마음에 드는 구도를 찾았지요.

우선 예수의 머리를 소실점으로 잡고 식탁과 제자들을 배치하자 원근법과 완벽하게 어울리는 구도가 완성되었어요. 그러자 예수를 중심으로 만들어진 이등변삼각형 양쪽으로 수군거리는 인간의 물결이 출렁이며 펼쳐졌어요.

다빈치는 구도를 완성하자, 이번에는 예수와 열두 제자의 얼굴을 찾아다녔어요. 사람이 많이 모이는 떠들썩한 시장을 헤매기도 하고, 상상과 일치하는 얼굴을 발견하면 그 사람을 연구하기 위해 온종일 따라다녔지요.

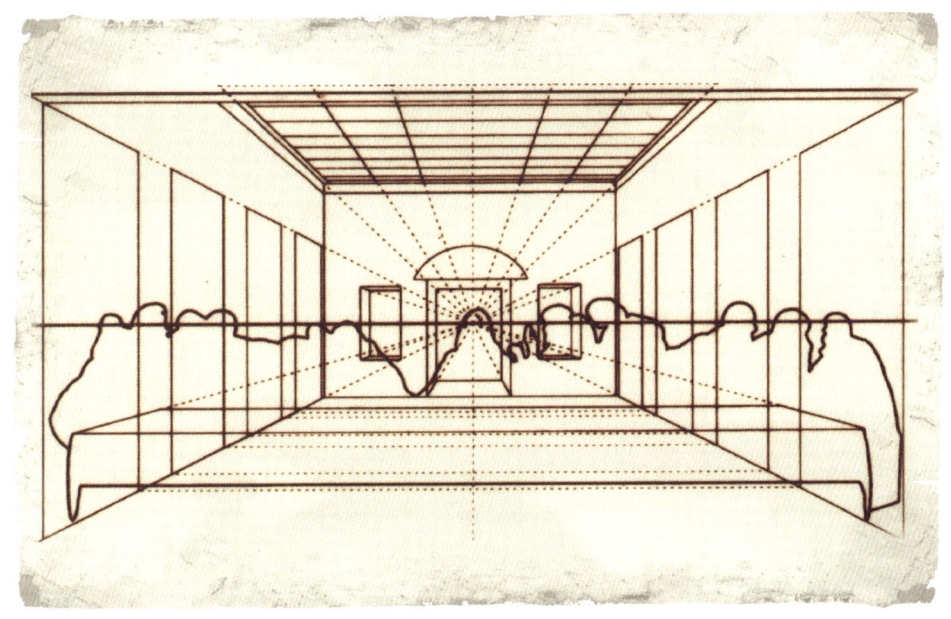

〈최후의 만찬〉에서 사용된 소실점

다빈치는 그런 사람의 얼굴과 태도, 의상, 몸짓 등을 허리띠에 차고 다니는 수첩에 부지런히 기록했어요.

"저 양반 또 왔네. 토요일마다 와서는 저러고 있으니 부담스러워서 원."
"그러게 말일세. 저리도 뚫어져라 보고 있으니."

남자들은 자신들의 푸념에도 아랑곳하지 않고 열심히 펜을 놀리고 있는 다빈치를 쏘아보았어요. 그들은 모두 발가벗고 있었어요. 그곳은 피렌체의 공중목욕탕이었으니까요. 이렇게 다빈치는 장소를 가리지 않고 그림의 모델을 찾았지요.

이러한 노력 끝에 1497년 무렵에 예수와 11명의 제자 그림을 끝마칠 수 있었어요. 하지만 유다의 얼굴과 비슷한 모델을 찾지 못해서 배반자의 얼굴은 오랫동안 비어 있어야 했어요. 다빈치는 일 년여의 노력 끝에 드디어 악당의 얼굴을 찾아냈지요. 그리고 그 얼굴을 이미 모아 두었던 얼굴들과 결합해 작품을 끝냈어요.

1498년 〈최후의 만찬〉이 세상에 공개되었을 때 사람들은 빈틈없는 원근법과 표현력이 풍부한 몸짓에 놀랐어요. 그림이 자아내는 입체감이 너무도 뛰어나서 진짜 같다는 착각을 불러일으켰지요. 정중앙에 자리 잡은 예수를 중심으로 공간이 점점 깊어지면서, 마치 벽면 안쪽에 또 하나의 방이 있는 듯 보였어요.

이름난 화가들도 소문을 듣고 이탈리아 각지에서 몰려왔어요. 그들은 작품을 보고 한결같이 감탄사를 쏟아 냈어요.

"다빈치는 정말 머리가 좋아. 종교화에서 흔히 볼 수 있는 예수 머리 뒤의 후광 대신, 그가 선택한 방법을 보라고."

"그렇군. 원근법과 절묘한 구성 덕분에 예수 머리 뒤의 창문에 초점이 모여져서 마치 후광과 같은 효과를 내는군. 덕분에 그림 속 예수는 훨씬 더 인간적이고 친근해 보여."

"다빈치는 빛이 피부에 어떻게 닿는지, 그리고 광대뼈와 눈두덩 같은 얼굴의 여러 부위에서 어떻게 반사되는지 오랫동안 연구한 게 틀림없어. 빛과 그림자의 절묘한 조화가 정말 놀랍군."

"다빈치는 이 작품을 그리는 데 자신의 모든 지식을 쏟아부었군. 얇은

다빈치는 〈최후의 만찬〉에 등장하는 인물의 성격과 상황을 정확하게 표현하기 위해 수차례 스케치 연습을 했다.

〈최후의 만찬〉(1498년)

안드레아 솔라리가
복원해 그린
〈최후의 만찬〉(1520)

이 작품에 내 모든 지식을 다 쏟아부은 만큼 후대 작가들이 많이 따라 그리는군.

재능만 가지고는 그릴 수 없는 그림이야. 천재라더니 사실이었어."

"맞네. 이 작품은 세상에서 가장 훌륭한 그림이고 모든 회화 작품 가운데 걸작이야. 그런데 왜 프레스코가 아닌 템페라로 그렸을까? 템페라는 식당의 습기를 버텨 내지 못할 텐데……."

실제로 이 위대한 걸작은 다빈치가 살아 있을 때 이미 훼손되기 시작했어요. 다빈치는 선명하고 풍부한 색을 표현하기 위해 템페라로 그렸지만, 프레스코에 비해 보존하기 까다롭고 수명도 짧았어요.

결국 몇 년 지나지 않아 습기 때문에 그림이 들뜨면서 갈라지기 시작했어요. 화려했던 색채는 제 빛을 잃고 칙칙하게 변해 버렸고, 성스러운 예수의 얼굴에도 곰팡이가 피었어요. 갈라진 조각은 비늘처럼 떨어져 내렸지요.

그 후 18세기 사람들이 두 번에 걸쳐 이 작품을 복원하려고 애를 썼지만, 어설프게 손을 대는 바람에 그림을 더욱 망치고 말았어요. 〈최후의 만찬〉의 수난은 여기서 끝나지 않았어요. 1796년 프랑스 군인들이 수도원 식당을 마구간으로 사용했고, 심지어 제자들의 머리에 돌을 던지며 놀기까지 했어요. 제2차 세계 대전 때는 폭격으로 식당이 파괴되기도 했어요. 하지만 기적적으로 그림이 그려진 벽면만은 참변을 피해, 오늘날 훼손된 작품이나마 감상할 수 있게 되었지요.

다빈치 이전의 <최후의 만찬>은 어땠을까?

다빈치가 그린 <최후의 만찬> 이전에도 다른 화가들이 그린 <최후의 만찬>이 있었어요. 하지만 원근법을 사용한 다빈치의 <최후의 만찬>이 생동감과 자연스러움은 으뜸이지요. 다빈치의 <최후의 만찬>은 예수의 머리에 소실점을 둬 완벽하게 구성되어 있어요. 또한 세 명씩 네 그룹으로 분명하게 나뉘면서도 자연스럽게 연결되는 제자들의 다양한 동작도 특징이에요. 1450년 프레스코 기법으로 그린 안드레아 델 카스타뇨의 작품과 1486년에 그려진 도메니코 기를란다요의 작품과 한 번 비교해 보세요. 두 작품이 정적인 분위기를 자아낸다면 다빈치의 작품은 역동적인 느낌을 준다는 것을 금방 느낄 수 있을 거예요.

안드레아 델 카스타뇨의
<최후의 만찬>(1450년경)

도메니코 기를란다요의
<최후의 만찬>(1480년경)

신비로움을 머금은 <모나리자>

"스승님, 그림을 주문하고 싶다며 손님이 찾아오셨어요."

"당분간 그림 주문은 받지 않겠다고 했는데 잊었나? 지금은 앙기아리 전투를 구상하는 것도 벅차다고!"

다빈치는 전쟁터의 광기가 넘치는 데생들을 하나씩 넘겨보느라 고개를 돌릴 여유조차 없었어요.

1503년 다빈치는 피렌체에 머물고 있었어요. 밀라노에서의 명성을 들은 피렌체 시의회는 쉰한 살의 거장에게 거대한 벽화를 주문했어요. 다빈치는 의욕에 넘쳐 벽화를 위한 구상에 들어갔지요. 다빈치의 스케치북은 먼지와 연기 속에서 인간과 짐승들이 혼란스럽게 서로 맞붙어 싸우는 무질서한 선들로 채워져 갔어요.

"물론 스승님 뜻을 그대로 전했지요. 하지만 만나 주실 때까지 꼼짝도 하지 않겠다며 버티는데 어쩌지요?"

제자의 쩔쩔매는 목소리에, 다빈치는 스케치북을 내려놓고 비로소 고개를 들었어요.

"내키지 않지만 어쩔 수 없구나. 손님을 들이거라."

곧 쉰 살이 채 안 돼 보이는 남자가 방으로 들어와 공손하게 인사를 했어요. 화려한 비단옷을 입은 모습이 무척 부유해 보였지요.

"실례인 줄 알면서도 아내의 초상화를 부탁드리고 싶어서 우겼습니다.

저는 비단 무역을 하고 있는 프란체스코 델 조콘도라고 합니다."

"요즘 저는 그림 주문을 받고 있지 않는데 헛걸음하셨군요."

"네, 들었습니다. 하지만 꼭 좀 부탁드립니다. 4년 전 첫 아이를 잃고 시름에 잠긴 저희 부부에게 기쁘게도 둘째가 태어났습니다. 아이의 탄생을 기념하고 고생한 아내에게 감사를 표하기 위해 초상화를 선물하고 싶습니다."

다빈치는 몇 번이나 거절했지만 조콘도의 애원에 마지못해 허락했어요. 귀족의 부인이나 애인이 아닌, 아이를 출산한 평범한 어머니라는 사실에 마음이 끌리기도 했지요.

"하지만 완성된 초상화를 받으려면 한참 기다려야 할 겁니다. 벽화를 그리는 틈틈이 그려야 하기 때문에 꽤 오래 걸릴 것 같군요."

"아이고, 얼마든지 기다리지요. 그려 주시는 것만도 고맙습니다."

얼마 후 조콘도는 20대 중반의 여인과 함께 작업실을 찾아왔어요. 조콘도의 아내 리자였지요. 리자는 연분홍 살빛에 붉은 입술, 매혹적인 코, 촘촘한 눈썹, 맑은 눈을 가진 아름다운 여인이었어요. 머리는 검은 베일로 감싸고, 어두운 색 드레스 위에 막 출산한 여자들이 걸치는 투명한 망사천을 두르고 있었지요.

리자의 아름다운 얼굴은 다빈치의 창작 욕구를 자극했어요. 다빈치는 사물이 분명히 드러나지 않을 때 얼마나 더 아름답게 보이는지 알고 있었고, 그것을 초상화에 표현하고 싶었지요.

"어둑해질 저녁 무렵, 길에서 남녀의 얼굴을 관찰해 보라. 어슴푸레한 빛

때문에 이들의 얼굴이 얼마나 섬세하고 우아하게 보이는지! 구름이나 안개가 낀 저녁 무렵에 얼굴을 그리면 더욱 이상적인 분위기로 표현해 낼 수 있어."

하지만 그런 시간은 실로 짧았고, 결혼한 여성이 그 시간에 작업실에 머물 수도 없었어요. 그래서 다빈치는 인공적으로 석양을 만드는 방법을 고안해 냈어요. 안뜰에 검은색을 칠한 벽을 쌓고, 그 벽 위에 지붕을 얹어 특별한 공간을 만들었어요. 그리고 해가 날 때는 가리개로 빛을 조절해 햇빛에 구속받지 않도록 만들었지요.

"이렇게 하면 대낮에도 얼굴에서 이마 부분만 빛나 보이고 양 볼을 감싼 어둠도 도드라지지. 어둠의 은총이 더해지면 매우 단단했던 윤곽선도 경계가 없어지고 조화롭게 흐려진단 말이야."

다빈치는 금갈색 노을 속에서 미소 짓고 있는 리자의 모습을 그대로 표현하기 위해 스푸마토 기법을 사용했어요. '스푸마토'란 이탈리아 어로 '흐릿한' 또는 '자욱한'을 뜻하는 말인데, 인물의 윤곽선을 일부러 흐릿하게 처리해 경계를 없애는 방법이었어요.

특히, 리자의 입 가장자리와 눈꼬리를 스푸마

토 기법으로 묘사함으로써 여인의 미소를 모호하지만 부드럽게 보이도록 만들었어요. 빛이 비추는 각도나 빛의 강약에 따라 윤곽선의 위치가 달라 보이기 때문에 볼 때마다 리자의 표정이 다르게 보였어요. 그림 속의 리자는 이렇게 해서 신비로운 미소를 갖게 되었지요.

그런데 리자의 초상화인 〈모나리자〉는 그림을 주문한 조콘도나 모델인 리자에게 전해지지 않았어요. 다빈치는 4년 동안 틈틈이 작업을 했지만, 1506년 피렌체를 떠나 밀라노로 갈 즈음에도 작품을 완성하지 못했어요.

밀라노와 로마, 프랑스로 옮겨 다녔던 다빈치가 어디에서 〈모나리자〉를 완성했는지는 아무도 몰라요. 하지만 만일 밀라노나 로마에서 작품을 끝마쳤다면 왜 조콘도에게 보내지 않았을까요? 보수를 받으려면 마땅히 그래야 했지만, 다빈치는 죽을 때까지 〈모나리자〉를 가지고 있었어요. 그 사이 리자가 죽었기 때문인지, 아니면 자신의 작품과 사랑에 빠졌기 때문인지는 알 수 없어요. 그도 아니면, 마지막 붓질을 프랑스에서 했기 때문인지도요. 아무도 그 이유를 알지 못한 채 영원한 미스터리로 남게 되었지요.

최고의 걸작으로 손꼽히는 〈최후의 만찬〉이나 〈모나리자〉 같은 그림은 단편적 지식이나 솜씨로는 만들어 낼 수 없는 작품이에요. 깊이 있는 작품 해석, 수학적 연구로 찾아낸 안정적인 구도, 해부학과 광학에 대한 폭넓은 지식 등이 있었기에 탄생할 수 있었던 거예요. 다양한 분야의 지식이 하나로 융합되어 예술성을 높이는 결과로 이어진 것이지요.

이러한 예술가의 감각은 단시간에 얻을 수 있는 것이 아니에요. 오랜 시간 수많은 책을 읽고 연구하면서 얻은 지식들을 하나로 융합해 보는 시도를 했기 때문에 가능한 것이지요. 이 때문에 오늘날 다빈치를 대표적인 르네상스 인[*]이라고 부르는 거예요

르네상스 인

르네상스 시대는 사상, 문학, 미술, 음악, 건축, 과학 등 다양한 분야에서 뛰어난 능력을 발휘하는 인간상을 만들어 냈어요. 이처럼 여러 분야에 능하고 관심도 많은 사람을 가리켜 '르네상스 인' 혹은 '만능인'이라 부릅니다. 그야말로 박학다식하고 다재다능한 팔방미인을 뜻하는 말이지요. 오늘날에도 다방면에서 두각을 나타내는 인물을 르네상스 인이라고 부릅니다.

〈모나리자〉는 누구나 알 만큼 세상에서 가장 유명한 그림입니다. '모나'란 이탈리아 어로 부인을 높여 부르는 말이고, '리자'는 본명인 '엘리자베타'를 줄여 부르는 이름이지요. 〈모나리자〉는 4분의 3 측면에서 바라보는 자세로 양손을 포갠 채 신비로운 미소를 짓고 있어요.

오늘날 〈모나리자〉가 루브르 박물관에 소장되어 있는 이유는 프랑스 왕과의 인연으로 다빈치가 프랑스에서 생을 마감했기 때문입니다.

그런데 왜 〈모나리자〉는 눈썹이 없는 걸까요? 다빈치가 완성하지 못했기 때문일까요? 아니면 당시 미인의 조건이 이마가 넓은 것이어서 일부러 눈썹을 그리지 않았던 걸까요?

둘 다 아니에요. 사실은 〈모나리자〉에게도 눈썹이 있었어요. 다빈치가 그림을 그릴 때 눈썹을 확실히 그려 넣었으니까요. 그런데 왜 지금은 안 보이냐고요? 〈모나리자〉는 수백 년이 흐르는 동안 여러 차례 복원되었는데, 그 과정에서 눈썹이 그만 지워지고 말았답니다.

〈모나리자〉(1506년경)

- 모든 생물은 고통을 느낀다
- 스스로 택한 채식주의자의 삶
- 천사의 얼굴을 한 악동
- 어머니와의 짧은 만남

자연에서 배운 바른 인성

사랑과 배려심이 많은 인간 다빈치 4

다빈치의 집 저녁 식탁은 벽난로의 온기만큼이나 마음을 따뜻하게 데워 줄 친구들로 늘 복작거렸어요. 가난하거나 잘살거나에 상관없이 그의 식탁은 친구들에게 평등했지요. 이러한 마음은 동물에게도 똑같았는데, 다빈치는 모든 종류의 동물에게 동정심과 사랑을 느꼈어요. 천재가 아닌 인간 다빈치는 이렇게 배려와 사랑이 가득한 사람이었답니다.

모든 생물은 고통을 느낀다

스포르차 공작의 인정을 받기 시작하면서 다빈치의 생활도 넉넉해져 갔어요. 공작은 집과 공방으로 쓰라고 다빈치에게 옛 궁전을 통 크게 내주었고, 값나가는 포도밭까지 얹어 주었어요. 맨몸으로 피렌체를 떠나왔을 때와 비교하면 엄청난 성공이었지요. 다빈치의 집은 열두 명 남짓한 견습생과 하인, 그리고 친구들로 언제나 벌집처럼 분주했어요. 사람만이 아니었어요. 동물들도 복닥복닥 분주함에 한몫했지요.

동물을 좋아하는 다빈치는 크고 작은 동물을 여럿 길렀어요. 그토록 바라던 말을 여러 필 사들이고, 꼬리를 살랑이는 개도 몇 마리 길렀어요. 떠돌이 고양이가 그대로 눌러앉아 집고양이가 되기도 했지요. 다빈치는 기르는 동물 모두를 대단한 인내심과 정성으로 보살폈어요.

그러던 어느 날, 다빈치가 제자와 함께 광장을 지나고 있을 때였어요. 장이 들어선 광장은 물건을 사고파는 사람들로 시끌벅적했지만, 다빈치는 한눈팔지 않고 재게

〈고양이와 노는 아이〉 습작(1478년경).
다빈치는 고양이의 모습과 움직임을 관찰해 스케치로 남겼어요.

걸음을 옮겼어요. 반가운 친구가 오기로 했기 때문이지요.

그런데 어디선가 들려온 낯선 울음소리가 다빈치의 발걸음을 붙잡았어요.

"삐! 삐! 삐!"

울음소리는 광장의 시끄러운 소음을 뚫고 선명하게 들려왔어요. 다빈치는 소리 나는 곳으로 발길을 돌렸지요.

곧 소리의 정체가 모습을 드러냈어요. 겹겹이 쌓아 놓은 새장 안에서 수많은 새들이 한꺼번에 울부짖고 있었어요. 새들은 목이 터져라 비명을 지르면서도 잠시도 날갯짓을 쉬지 않았어요. 하지만 아무리 안간힘 써도 좁은 새장을 벗어날 수는 없었지요.

"하느님이 새에게 날개를 달아 준 이유는 새장 안이 아니라 하늘을 날게 하려 함일 텐데……."

다빈치는 애처로운 눈빛으로 중얼거렸어요.

"어서 오세요, 손님. 어떤 새를 원하세요? 움직임을 보면 아시겠지만, 하나같이 모두 건강한 놈들뿐입니다."

새 장수가 호들갑스럽게 다빈치를 반겼어요.

"저 새들은 아무리 봐도 집에서 기를 법한 새들이 아닌 것 같은데……."

"아이고, 무슨 말씀을! 집에서 기르는 새들 맞습니다요."

"하지만 새장을 벗어나고 싶어서 저렇게 몸부림치고 있지 않는가?"

"손님도 참. 집에서 기르는 새가 따로 있나요? 잡아 온 지 얼마 안 돼서 길이 덜 들어 저럽니다요. 집에서 먹이만 잘 주면 곧 얌전해질 겁니다."

"잡아 온 지 얼마 안 됐다니? 애완조들은 알에서부터 부화시켜 키우는 게 아닌가?"

"맞습니다요. 하지만 이놈들은 그런 애완조가 아닙니다."

"내 말이 그 말일세. 저 새들은 산새가 아닌가?"

"산새가 맞습니다요. 애완조는 종류가 뻔해서 울음소리도 거기서 거기지요. 그래서 울음소리가 예쁘고 독특한 새를 찾는 사람이 더러 있습니다. 그런 분들을 위해 제가 그물을 쳐서 직접 잡아 왔습죠."

"산새는 산속에서 살아야 하지, 어찌 좁은 새장에서 살겠는가?"

다빈치는 안타까운 한숨을 뱉어 냈어요.

"애완조가 뭐 따로 있나요? 사람 손에 길이 들면 애완조지요. 지금이야 저 난리지만, 먹이를 받아먹는 데 맛들이면 얌전해질 겁니다. 애써 먹이를 찾지 않아도 되니, 새들한테도 좋은 일 아닙니까?"

"산새는 집에서는 살 수 없네. 결코 날갯짓을 멈추지 않을 걸세."

"손님, 혹시라도 새가 도망갈까 봐 그러시는군요. 진작 말씀하시지! 걱정 붙들어 매십시오. 날개를 자르면 풀어 줘도 달아나지 못할 겁니다. 제가 보기 좋게 잘라 드리겠습니다요."

"그게 무슨 말인가? 나는 것이 새의 본능인데 날개를 자르다니! 날개 없는 새가 어디 샌가?"

다빈치는 화가 나서 버럭 소리를 질렀어요. 새 장수의 멱살을 쥐고 마구 흔들어 대고 싶은 기분이었지요.

"아이고, 손님도 참. 누가 날개를 몽땅 잘라 내겠답니까? 날개 끝을 살짝 잘라서 티도 안 나게 하지요. 애완조들은 모두 날개가 잘려서 도망을 못 갑니다요. 기껏해야 방 안에서 낮게 나는 게 다지요."

"됐네! 절대 날개를 건드리지 말게. 몽땅 다 내가 살 테니까."

다빈치의 말에 새 장수는 좋아서 입을 다물지 못했어요. 옆에서 지켜보던 제자는 놀라서 입이 떡 벌어졌고요.

"스승님, 저 새들을 다 사서 뭐하시게요? 가까이에서 관찰하려면 한두 마리만 사도 충분하잖아요. 지금도 공방이 아니라 동물원 같은데, 저 시끄러운 새까지 보태시려고요? 작업에 집중할 수 없다고 금방 후회하실걸요."

제자가 옷자락을 붙잡고 말렸지만, 다빈치는 끄떡도 하지 않았어요. 값을 다 치른 다빈치는 새장 문을 차례로 열어젖혔어요. 곧 수십 마리의 새들이 새장을 버리고 하늘로 훨훨 날아올랐지요. 그 모습을 보고 새 장수가 펄쩍펄쩍 뛰었어요.

"아이고, 아까워라. 새를 그냥 놔 주다니! 이게 무슨 일이래?"

"이미 값을 치렀으니 새를 어떻게 하든 내 마음일세. 그리고 충고하지만, 산새를 잡아다 파는 일은 그만두게. 사람이 할 짓이 아니야."

새 장수는 어안이 벙벙해서 다빈치를 쳐다보았어요.

"사람이 할 짓이 아니라니요? 그까짓 새가 뭐 대수라고."

"움직이는 모든 생물은 고통을 느낀다네. 자네는 아까 저 새들이 지르던 고통스런 비명을 듣지 못했나?"

"아이고, 됐습니다요. 손님 말대로 값을 치렀으니 손님 마음이지요, 뭐."

새 장수는 콧방귀를 뀌며 빈 새장들을 수레에 옮겨 실었어요.

집으로 돌아가는 내내 제자는 다빈치에게 투덜거렸어요.

"이제 시장의 새 장수들이 스승님만 보면 사라고 달라붙겠네요. 새장 안에 갇힌 새를 모두 사서 날려 보낼 수는 없잖아요."

"할 수만 있다면 그러고 싶지만 불가능하겠지. 그렇지만 구해 줄 수 있는 새까지 모른 척할 수는 없지 않느냐."

말에 대한 애정이 느껴지는 말 습작들

동물에 대한 사랑이 유달랐던 다빈치는 동물을 그린 습작을 많이 남겼어요. 그중 가장 열심히 스케치한 동물이 말이었어요. 말을 사서 기르는 게 소원일 만큼 다빈치의 말에 대한 사랑은 각별했어요. 타박타박 경쾌하게 걷고 있는 말, 대지를 박차고 힘차게 질주하는 말 등 다양한 말을 생동감 있게 묘사했답니다.

밀라노의 말 중에서 내 손을 안 거쳐 간 말이 없었지.

"새 장수를 만날 때마다 사서 날려 보내시게요?"

"그건 아니야. 먹이를 받아먹던 새는 날려 보내 봤자 다시 인간에게 돌아온단다. 돌아오지 않으면 굶어죽을 테니까. 게다가 날개가 잘린 새를 놓아 주면 오히려 죽이는 꼴이 되겠지."

"그건 그러네요. 아무튼 다행이에요. 앞으로 새 장수들한테 시달릴까 봐 걱정했는데."

"이제까지 살면서 나는 생명보다 슬기로운 것을 보지 못했다. 생명이 있는 것은 하찮은 벌레일지라도 존중해야 하지."

다빈치는 고개를 들어 저 멀리 하늘을 바라보았어요. 날려 보낸 새들은 이미 사라져 보이지 않았지만, 새들의 즐거운 지저귐이 들려오는 듯했지요.

스스로 택한 채식주의자의 삶

볕이 좋은 오후였어요. 다빈치는 집 앞뜰에 앉아 스케치를 하고 있었어요. 다빈치가 그리고 있는 것은 몇 달 전 새끼를 낳은 고양이 가족이었어요. 고양이들은 다빈치가 보거나 말거나 신경 쓰지 않고 저마다의 일에 바빴지요.

꼬리가 뱅뱅 말려 있는 녀석, 몸을 웅크리고 자고 있는 녀석, 자기 몸을 핥고 넓적다리를 잘근잘근 씹고 있는 녀석도 있었어요. 뜰 한쪽 구석에서는 한 녀석이 등을 낮게 엎드리고 풀벌레를 향해 엉큼성큼 기어가고 있었지요.

녀석은 곧 껑충 뛰어올라 벌레를 덮쳤어요. 또 어떤 녀석은 네 발로 일어서서 털을 한껏 곤두세우고 있었어요. 몇 초 뒤 그 녀석은 다른 고양이와 격렬하게 엉켰지요.

다빈치는 눈으로 열심히 고양이들의 움직임을 좇으면서 펜이 가는 대로 빠르게 손을 놀렸어요. 스케치북은 곧 꼼꼼한 고양이 크로키들로 가득 찼지요.

다빈치가 척추의 움직임을 이해하기 위해 그린 고양이 스케치(1515년경)

크로키

움직이는 동물이나 사람의 형태를 빠르게 그린 그림을 말합니다. 짧은 시간 동안 그리고자 하는 대상의 특징이나 움직임을 빨리 포착해 실감 나도록 표현하는 것이 특징입니다.

다빈치는 만족한 표정으로 펜을 내려놓았어요. 눈을 감고 얼굴에 쏟아지는 따스한 햇살을 마음껏 즐겼지요.

"나리, 오늘 저녁도 빵과 신선한 과일, 이집트콩 스프, 간단한 채소 샐러드만 준비하면 되는 거지요? 장 보러 가기 전에 확인하려고요."

언제 왔는지 요리사가 장바구니를 들고 물었어요.

"친구가 와 있으니, 아몬드 밀크로 요리된 완두를 대접해도 좋겠지."

다빈치의 집에는 견습생 시절의 친구인 토마소 마지니가 머물고 있었어요. 다빈치를 만나려고 일부러 밀라노까지 찾아온 터였지요.

"허 참, 기껏 완두라니요. 나리도 친구분도 참 대단하십니다. 게다가 어제는 초대받은 만찬에 가서서 샐러드만 드셨다면서요? 나리가 망신 주려고 일부러 그런 거라면서 집주인이 이를 박박 갈았대요."

"내가 고기를 먹지 않으니, 먹을 게 샐러드밖에 없었네."

다빈치는 끊임없이 나오던 요리들을 떠올리며 고개를 절레절레 저었어요.

"집주인이 자랑해 마지않는 디저트까지 입에 대지 않으셨으니 그렇지요."

"달걀이 들어간 걸 알기 때문에 먹지 않은 걸세."

"달걀은 드셔야지요. 그러다 쓰러지면 어쩌시려고요?"

"달걀을 먹어 버리면 병아리가 될 수 없잖나? 부화만 되면 병아리가 될 걸 뻔히 아는데 어찌 먹겠나? 오! 얼마나 많은 생명들이 태어날 기회조차 얻지 못하고 죽음을 맞이하는지."

결국 요리사는 가슴만 팡팡 치다 가 버렸어요. 다빈치는 어깨를 으쓱해 보이고는 다시 눈을 감았지요. 그런데 볕을 즐길 새도 없이 친구의 목소리가 들렸어요.

"자네 요리사한테 내가 단단히 밉보였나 보네. 오다가 마주쳤는데 뒤통수가 아주 따갑더군."

"크큭, 내가 채식주의자가 된 게 자네 탓이라고 생각해서 그러는 걸세."

"틀린 말은 아니네. 자네가 피타고라스주의자가 된 건 나 때문이니까. 피타고라스에 심취해 있던 내가 자네에게 그의 사상을 소개했잖나."

피타고라스는 기원전 6세기에 활동한 그리스의 철학자이자 수학자였어요. 르네상스의 영향으로 많은 고전들이 소개되면서 고대 사상가들을 숭배하는 사람들이 생겨났지요. 그중 피타고라스의 사상을 존경하며 따르는 이들을 '피타고라스주의자'들이라고 불렀어요.

"피타고라스는 물고기에서 철학자에 이르기까지 모두가 형제라고 했어. 형제를 먹을 수는 없으니 피타고라스에게 채식은 너무나 당연한 실천이었지."

"토마소, 자네 말이 맞네. 고기를 먹는 것은 피타고라스주의자에게 도덕적인 수치야. 기억나나? 살아 있는 어떤 것에도 해를 주지 않겠다고 맹세했던 일 말이야."

다빈치의 눈앞에 베로키오 공방 시절의 추억이 아득히 밀려왔어요.

"기억하다마다. 하지만 자네는 사냥하지 말라는 피타고라스의 말은 동의해도, 양털 옷은 거부할 수 없다고 했지."

"맞아, 토마소. 나는 피타고라스처럼 식물로 짠 망토만 입고 살 수는 없네. 그가 살던 시대보다 2,000년이나 지났잖나? 시대가 다른 데 똑같이 따라 할 필요는 없다고 보네."

"레오나르도 이 친구야, 핑계대지 말게. 자네는 그 당시에 멋내기를 너무나 좋아했기 때문에 흰색 망토만으로는 살 수 없었어."

마지니가 가볍게 흘겨보며 핀잔을 주었어요. 다빈치는 너털웃음을 터뜨리며 인정했지요.

"푸하하, 들켰군. 하지만 이제는 예전처럼 유행을 좇아 옷을 입지는 않네. 편안하고 단순한 옷으로도 얼마든지 멋을 낼 줄 아는 나이가 됐으니 말일세."

"레오나르도, 자네는 그때나 지금이나 여전히 멋지네. 화려하게 꾸미지 않았는데도 특별한 멋이 있어."

"고맙네, 토마소. 자네를 위해서 멋진 식물성 망토를 만들어 주지. 물론 흰색이 아닌! 또 자네에게만 특별히 내가 연구한 채소 요리법을 알려 줌세. 요리사가 매일 똑같은 요리만 만들어 주는 통에, 내가 직접 맛있는 채소 요리를 개발하고 있거든."

다빈치는 마지니에게 눈을 찡긋해 보였어요. 마지니는 오랜 친구에게 미소 지으며 고개를 끄덕였지요.

News

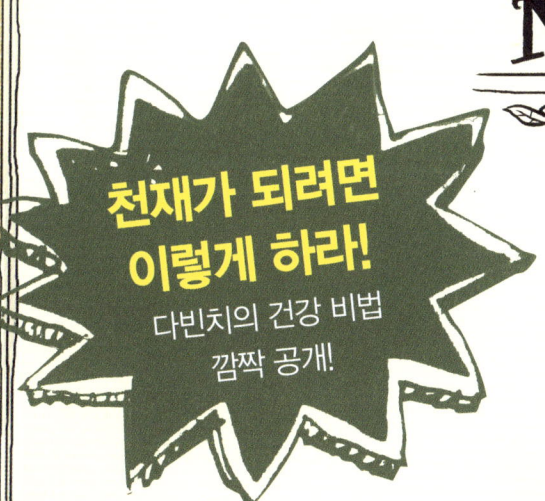

천재가 되려면 이렇게 하라!
다빈치의 건강 비법 깜짝 공개!

다빈치의 건강 비법을 알려 주는 노트가 발견되자, 학계는 물론이고 아이를 둔 부모들도 흥분에 젖어 있습니다. 노트에 적힌 대로 생활하면 자기 아이도 다빈치처럼 천재가 되지 않을까 하는 기대 때문입니다. 그럼 다빈치가 직접 기록한 그의 건강 비법을 알아볼까요? 여러분의 생활 습관과 얼마나 다른지 비교해 보셔도 좋습니다.

건강을 유지하려면 다빈치의 식이 요법을 따르세요!

- 먹고 싶을 때에만 먹되 조금씩 먹어라.
- 잘 씹고, 잘 요리된 것을 단순하게 섭취하라.
- 약물을 섭취하는 자는 악한 충고를 받은 것이다.
- 화를 경계하고 슬픈 기분을 피하라.
- 의자에서 앉거나 일어날 때 꼿꼿함을 유지하라.
- 한낮에 잠자지 말라.
- 술은 물과 섞어서 약간만 마시되, 빈속에는 절대 마시지 말라.
- 화장실에 가는 것을 늦추지 말라.
- 운동을 한다면 가볍게 하라.
- 배를 위로 향하지 말며, 머리를 아래로 향하지 말라.
- 밤에 이불을 잘 덮어라.
- 휴식을 취하며 머리를 식히고, 마음을 즐겁게 하라.

천사의 얼굴을 한 악동

1490년 여름, 뜨거운 태양이 밀라노를 이글이글 달구고 있었어요. 후덥지근한 공방의 공기를 견딜 수 없던 다빈치는 말을 타고 들판으로 나갔어요. 얼굴을 스치는 시원한 바람이 잠시나마 여름의 짜증을 잊게 해 주었지요.

다빈치는 한참 말을 타고 달리다가 잠시 쉬기 위해 나무 그늘을 찾아 들어갔어요. 그런데 이미 먼저 온 이가 있었어요. 열 살 남짓한 소년이었는데, 들판에서 한가로이 풀을 뜯는 양들을 스케치하고 있었지요.

소년을 본 다빈치는 큰 충격을 받았어요. 그림이 매우 훌륭해서가 아니었어요. 소년은 때가 절은 낡은 옷을 입고 있었지만, 얼굴만큼은 귀족처럼 우아하고 아름다웠어요. 섬세하고 숱 많은 곱슬머리 때문에 천사처럼 보였지요.

소년의 이름은 자코모였는데, 가난한 시골 농부의 아들이었어요. 다빈치는 자코모의 아버지를 찾아가 소년을 그리고 싶다고 말했어요.

"나리, 얼마든지 그리십시오. 대신 모델료는 두둑이 챙겨 주셔야 합니다."

다빈치는 농부에게 모델료를 지불하고는 자코모를 열심히 스케치했어요. 날이 어두워지고 집으로 돌아갈 때가 되자, 다빈치는 무척 아쉬운 표정을 지었어요. 눈치 빠른 농부는 이를 놓치지 않고 다른 제안을 했지요.

"나리, 아예 우리 애를 견습생으로 삼으면 어떨까요? 나리는 언제든지 모델로 쓸 수 있어 좋고, 우리 아들은 그림을 배울 수 있으니 좋지요. 우리 동네에서 자코모만큼 그림을 잘 그리는 애는 없어요. 나리께 배우기만 하면 훌륭한 화가가 될 게 틀림없습니다."

농부는 아들을 다빈치에게 보내 먹여 살릴 입을 하나 줄이고 싶었어요. 그리고 혹시라도 아들이 화가로 성공한다면 가족에게 도움을 줄 테니까요.

미소년 스케치(1505년경).
자코모를 모델로 그렸을 거라고 여겨지는 작품이다.

다빈치는 얼떨결에 자코모를 떠맡게 되었어요. 당시 다빈치의 공방에는 견습생과 조수가 여럿 있었는데, 모두 장래가 촉망되는 뛰어난 재주꾼들이었어요. 자코모는 이들과 함께 견습 생활을 시작했지요.

그런데 자코모는 공방에 들어오자마자 여기저기서 말썽을 일으켰어요.

"나리, 자코모 녀석 때문에 미치겠어요. 그 녀석의 바보짓 때문에 그릇들이 남아나질 않는다고요. 식사 예절이 그렇게 형편없는 놈은 처음 봤어요."

요리사가 다빈치를 찾아와 씩씩거렸어요. 자코모는 어제 저녁 식사를 하면서도 양념 병을 세 개나 깨뜨린 데다 포도주병을 엎질러 식탁을 엉망으로 만들었지요.

"먹는 건 또 어찌나 게걸스러운지, 언제나 2인분을 먹어치운다고요. 나리는 그 녀석을 먹이고 입히느라 파산하고 말 거예요. 앞으로 엄청난 골칫덩이가 될 테니 두고 보세요."

"아직 어린아이잖나. 잘 타이르고 따뜻하게 대하면 좋아질 걸세."

다빈치의 기대는 아쉽게도 완전히 빗나갔어요. 자코모는 두 명 몫의 음식을 먹고, 네 명 몫의 말썽을 일으켰어요. 다빈치는 날마다 자코모가 저지른 일 때문에 화가 난 사람들을 상대해야 했어요.

"스승님, 제 은촉 펜을 도둑맞았어요. 저와 동료들이 그 펜을 어디서 찾아냈는지 아세요? 바로 자코모의 상자에서였어요."

"스승님, 자코모가 제 돈을 훔쳤어요. 녀석이 오기 전까지는 남의 것에 손대는 사람이 아무도 없었어요."

제자들의 하소연처럼 자코모는 손버릇이 안 좋았어요. 이미 알고 있는 사실이라 다빈치는 별로 놀라지 않았어요.

자코모를 데려온 다음 날, 다빈치는 변변한 옷이 없는 자코모를 의상실에 데려갔어요. 셔츠 두 장, 짧은 바지 하나, 윗옷 한 벌을 맞춰 주었지요. 그런데 옷을 사기 위해 따로 떼어 놓은 돈이 지갑에 없었어요.

자코모의 짓이었어요. 다빈치가 나무라자, 자코모는 펄펄 뛰었어요.

"저는 절대로 훔치지 않았어요. 왜 사람을 의심해요? 저는 도둑이 아니라고요."

다빈치는 자코모의 천사 같은 얼굴을 보며 눈감아 주었어요. 하지만 그 후에도 자코모는 툭하면 지갑을 훔치고 남의 물건에 손을 댔어요. 심지어 다빈치의 친구가 구두를 지으라고 선물한 귀한 가죽을 가로채서 팔기도 했어요. 기가 막혀 하는 다빈치에게 자코모는 주저리주저리 변명을 늘어

다빈치가 그린 미청년 스케치.
청년 자코모를 그렸다고 여겨진다.

놓았지요.

"사탕이 너무나 먹고 싶어서 그랬어요. 다른 애들이 먹는 걸 보고난 뒤로는 눈앞에 사탕이 아른거리고 머릿속에도 온통 사탕 생각만 가득한데 어쩌겠어요?"

게다가 자코모는 그림에 전혀 재능이 없었어요. 다빈치가 아무리 열심히 가르쳐도 건성으로 했고 솜씨도 없었지요. 자코모가 유일하게 열정을 불태우는 것은 훔치거나 말썽을 부리는 일뿐이었어요. 어느새 자코모는 '악마'라는 뜻의 '살라이'라는 별명으로 불리고 있었어요.

"스승님, 살라이는 견습생과 전혀 맞지 않아요. 재능도 없고 의지도 없어요."

"하인으로 쓰기에도 맞지 않아요. 살라이는 성실과는 거리가 먼 아이니까요."

"식탁에서도 태도가 너무 나빠요. 완전 제멋대로라고요. 중요한 손님들 앞에서 나리를 곤란하게 만든 적이 한두 번이 아니잖아요."

"그냥 집으로 돌려보내세요. 살라이는 양치기가 되는 게 나아요. 양들과 있으면 적어도 사람한테 해는 안 끼칠 테니까요."

공방 사람들은 너도나도 입을 모아 자코모를 내보내라고 했어요. 하지만 다빈치는 내보내지 않았어요.

"집으로 돌아가도 그 애 집에서는 반기지 않을 걸세. 아주 가난하거든."

"스승님은 화도 안 나세요? 살라이 때문에 제일 힘든 사람이 스승님이시잖아요."

"살라이는 고약하기는 해도 나쁜 아이가 아니야. 나는 화가 나기보다 안쓰러운 마음이 들어. 어쩌면 체념하고 있는 게 맞겠지. 그냥 아들처럼 생각하기로 했네."

"세상에, 아들이라니요? 녀석은 천사의 얼굴을 한 악마라고요."

"내 나이 서른여덟이니 아들이 있을 법한 나이 아닌가. 아들이 말썽을 부린다고 내쫓는 아버지는 없네. 남의 말 안 듣고 고집불통인 건 나를 닮지 않았나."

견습생도 하인도 아닌 자코모는 계속 다빈치의 집에서 살았어요. 제자들에게 말한 것처럼 다빈치는 자코모에게 부성애를 느꼈어요. 그래서 여느 아버지들처럼 자코모에게 선물도 사 주고 응석도 받아 주었지요. 수많은 거짓말과 도둑질도 용서해 주었어요. 청년이 되어서도 자코모의 못된 성질은 전혀 나아지지 않았지만, 다빈치는 변함없는 사랑으로 자코모를 보살폈어요. 인내를 가지고 가르쳐, 부족하나마 화가로 키웠지요.

자코모는 그렇게 다빈치와 평생을 함께했어요. 다빈치는 어딜 가나 자코모를 데리고 다녔고, 자코모도 30년간 다빈치의 곁을 떠나지 않았어요.

자코모는 다빈치의 아들이자 제자이며, 모델이자 평생의 친구였지요.

다빈치는 숱이 많은 곱슬머리에 맑은 눈, 약간 뾰로통한 입술의 젊은이를 여러 번에 걸쳐서 다양한 나이대로 그렸어요. 사람들은 그 젊은이가 자코모가 아닐까 추측하기도 해요.

어머니와의 짧은 만남

1493년 여름 어느 날, 다빈치가 집 앞뜰을 왔다 갔다 하며 안절부절못하고 있었어요. 몇 초마다 한 번씩 손톱을 깨물며 대문으로 시선을 던졌지요. 하늘을 벌겋게 불태우던 노을도 점점 보랏빛으로 변해 가고 있었어요.

'내가 직접 갔어야 했나? 먼 여행을 하기에는 힘든 나이실 텐데.'

다빈치의 모습을 보고는 지나가던 요리사가 물었어요.

"나리, 왜 나와 계세요? 오기로 한 가정부를 애타게 기다리시는 것은 아닐 테고요."

다빈치의 어깨가 순간 움찔했지만 곧 별일 아니라는 목소리로 대답했어요.

"가정부를 기다리고 있는 게 맞네. 어두워지기 전에 도착해야 할 텐데 걱정이네. 노인들은 밤눈이 어두워서 위험하니까."

"그러게 왜 젊은 사람도 많은데, 예순이 훨씬 넘은 노인네를 쓰세요? 일이나 제대로 할 수 있을지 모르겠네요."

"일은 할 수 있는 만큼만 하면 되네. 돌봐 줄 자식도 없다는데 불쌍하잖나. 오자마자 바로 저녁 먹을 수 있게 식사 준비나 하게."

"가정부 하나 새로 온다고 그 많은 요리를 하라니, 공방 식구들만 호강이네요. 어차피 나리는 풀떼기밖에 안 드시겠지만."

요리사가 부엌으로 들어가고 얼마 후 어스름한 저녁 빛을 등지고 누군가 대문 안으로 걸어 들어왔어요. 등이 약간 굽은 작은 체구의 늙은 여인이었어요. 다빈치는 조용히 다가가 여인의 손을 마주잡았어요.

"어서 오세요. 오시느라 고생 많으셨지요? 왜 혼자 오세요? 잘 모셔 오라고 사람을 보냈는데."

"괜찮습니다, 나리. 별로 힘들지 않았어요. 저를 안내해 준 사람하고는 대문이 보이는 곳에서 헤어졌어요. 누가 볼까 봐 걱정돼서요."

"말씀 낮추세요."

"아닙니다. 가정부가 주인에게 말을 낮출 수는 없지요. 다른 사람들이 이상하게 생각할 거예요."

"죄송합니다. 사람들에게 차마 어머니를 모셔 온다고 밝힐 수 없었어요. 밀라노 사람들은 제가 사생아인 걸 모릅니다."

늙은 여인은 다빈치를 낳아 준 어머니였어요. 다빈치는 사람들에게는 의지할 곳 없는 여인을 가정부로 들였다고만 말했어요. 어머니가 결혼도 하지 않고 자신을 가졌던 사실이 알려져 자신과 어머니의 명예가 더럽혀지는 것을 원하지 않았기 때문이에요.

"그게 저도 편합니다. 이제 와서 어미라고 내세울 만큼 염치가 없지도 않고요."

다빈치는 어머니의 얼굴을 찬찬히 살펴보았어요. 도랑을 이룬 주름들, 지저분하게 헝클어진 흰 머리, 빛바래고 낡은 옷. 어둠도 여인의 늙고 초라한 모습을 감춰 주지 못했어요. 젊은 시절 아버지를 사로잡았던 미모는 희미하게 흔적만 남아 있었지요.

"소식 듣고 놀랐어요. 어머니가 그렇게 힘들게 살고 계신 줄 몰랐어요."

다빈치를 할아버지한테 보낸 어머니는 이웃 마을 청년과 결혼했기 때문에 다빈치는 어머니를 자주 볼 수 없었어요. 피렌체에서 살 때도 고향에 다니러 갔을 때 몇 번 본 게 다였어요. 밀라노로 떠난 이후로는 그나마 소식도 끊어졌지요.

"남편이 죽고 6년 전에 아들마저 세상을 떠났습니다. 어렵던 살림이 더욱 옹색해졌지요. 결혼해서 자기 살기도 바쁜 딸들한테 짐이 되고 싶지도 않았고……."

다빈치는 정기적으로 편지를 주고받던 아버지로부터 어머니의 소식을 들었어요. 좁고 누추한 오두막에서 외롭게 살고 있다는 말에 충격을 받았지요.

"동생이 죽은 줄은 몰랐어요. 알았다면 진작에 도움을 드렸을 겁니다."

"핏덩이였을 때 떠나보내고 어미라고 제대로 해 준 것도 없는데 어떻게 손을 내밀겠어요? 성공한 아들한테 나같이 보잘것없는 어미가 있다는 걸 알게 하고 싶지 않았어요."

다빈치는 입술이 파르르 떨리고 눈물이 핑 돌았어요. 목이 메어 아무 말도 할 수 없었지요.

"아들이 보냈다며 사람이 찾아왔을 때 깜짝 놀랐어요. 아무짝에도 쓸모없는 늙은이를 데려오고 싶다는 말에 얼마나 고맙고 미안하던지……."

"아니에요, 어머니. 시장하시지요? 어서 안으로 들어가세요."

다빈치는 가까스로 목소리를 짜내고는 어머니를 집 안으로 이끌었어요. 어머니는 요리사가 솜씨를 발휘한 저녁을 맛있게 먹었어요. 그리고 아들이 마련해 준 포근한 잠자리에 지친 몸을 누였지요. 태어나서 처음 맛보는 편안하고 폭신한 잠자리였어요.

다음 날부터 어머니는 가정부로서 충실하게 일했어요. 무리하지 말고 쉬엄쉬엄 하라고 다빈치가 말렸지만 듣지 않았어요. 다섯 아이들을 키우며 평생을 들판에서 일했기에 집안일쯤은 힘들지 않았어요. 바닥은 언제나 반질반질 윤이 났고, 빨래는 얼룩 하나 없이 깨끗했어요. 공방 식구들은 어머니를 '과묵하고 헌신적인 가정부'라고 칭찬했지요.

다빈치는 어머니에게 옷감이나 반지를 선물하곤 했어요. 이제라도 모자의 정을 나누고 싶었던 거예요. 하지만 어머니는 아들한테 해가 갈까 봐 언제나 조심스럽게 행동했어요. 욕심 부리지 않고 가정부의 본분을 지키며 조용히 아들의 성공을 지켜보고 싶어 했지요.

어머니는 다빈치가 재능을 인정받고 밀라노의 부자와 귀족들에게 둘러싸여 지내는 것을 보았어요. 아들이 공작부인의 방을 꾸미고, 극장 공연을 위해 세트를 만드는 것도 보았어요. 참으로 흐뭇한 광경이었지요.

어머니는 인생의 마지막 3년을 아들 곁에서 행복하고 편안하게 보냈어요. 그리고 만족한 미소를 지으며 생을 마쳤지요. 밀라노에서 이 가정부가 다빈치의 어머니라는 것을 아는 사람은 아무도 없었어요. 사실을 말하자면 이 가정부가 다빈치의 실제 어머니라는 증거는 어디에도 없어요. 단지 다빈치가 쓴 노트에 '카테리나'라는 늙은 가정부에 대한 기록이 남아 있을 뿐이지요. 다빈치의 어머니 이름도 '카테리나'였기에 노트에 적힌 가정부가 그의 어머니일지도 모른다고 짐작되고 있답니다.

다빈치가 사람을 좋아하고 만남을 소중히 여기는 것을 보고, 어떤 사람들은 애정 결핍 증상이라고 말하기도 해요. 어린 시절 어머니의 사랑을 받지 못한 사람은 다른 이의 사랑을 목말라하고, 인정받기 위해 지나치게 집착한다고 합니다. 또 누군가를 원망하고 미워하면서 스스로를 사랑받을 가치가 없는 사람이라고 여기기도 하고요.

그런데 다빈치는 결코 애정 결핍 때문에 사람을 좋아한 게 아니었어요. 자기 자신을 사랑할 줄 알았으며, 남들에게 나눠 줄 만큼 사랑이 많은 사람이었지요. 다빈치는 어머니에 대한 그리움을 원망으로 바꾸는 대신 이해하고 사랑하고자 했어요. 그렇기 때문에 어머니의 어려움을 모른 척하지 않았고, 기회가 왔을 때 기꺼이 마음을 열었던 거예요.

다빈치가 이처럼 바른 인성을 가진 사람으로 성장할 수 있었던 것은 프란체스코 삼촌의 사랑과 자연이 준 가르침 때문이었어요. 자연은 다빈치에게 품어도 품어도 끝이 없는 넉넉함을 보여 주었고, 다빈치는 그 속에서 인생의 중요한 가치를 배웠지요. 바로 배려와 사랑이었어요. 그래서 다빈치는 자연에 속한 모든 것을 소중하게 여겼고, 동물에 대한 사랑을 채식으로 실천했어요.

다빈치는 아무리 위대한 발명과 과학일지라도 자연이 만든 정교함은 감히 뛰어넘을 수 없다고 생각했어요. 그래서 자연을 정복하고 바꾸려 하기보다는 겸허하게 배우고자 했어요. 이러한 현명한 삶의 방식 때문에 다빈치가 천재 과학자이기에 앞서 바른 인성을 가진 인간이 될 수 있었던 거예요.

가상 편지

그리운 어머니께

어머니가 제 곁을 떠난 지도 몇 년이 지났습니다.

모두가 잠든 밤이면 이따금 어머니가 쓰시던 방에 들어가 보곤 합니다.

어머니의 물건이라고는 남아 있는 게 없지만, 그 방에만 들어가면 어머니의 영혼이 느껴집니다. 그리고 차마 남들 앞에서 부르지 못한 '어머니'라는 말을 소리 내어 조용히 불러봅니다.

솔직히 고백하자면, 어린 시절 저는 어머니가 미웠습니다. 아니 동생들이 미웠습니다. 동생들이 제게서 어머니를 빼앗아 갔다고 생각했기 때문입니다.

어머니가 그리울 때마다 이웃 마을로 가는 오솔길을 무작정 달리곤 했습니다.

울타리 뒤에 숨어서 동생들을 돌보는 어머니를 물끄러미 바라보았지요.

저는 어머니의 품에 안긴 동생을 떼어 내고 대신 안기고 싶었습니다. 어머니를 보고 싱긋 웃는 동생만큼이나 환하게 웃어 주고 싶었습니다. 하지만 어머니의 품은 언제나 동생들의 차지였지요.

저는 어머니의 손조차 잡아 본 적이 없습니다. 축제일에 어쩌다 마주칠 때면 어머니의 손은 동생들의 손을 꼭 쥐고 있었지요.

어색하게 인사하고 지나쳤지만, 언제나 속으로는 눈물을 삼켰답니다.

제가 한없이 살라이에게 관대한 것은 어쩌면 어린 시절 못 받은 부모의 정을 살라이에게 대신 쏟으며 보상받고 있는지도 모릅니다.

어머니, 어머니, 나의 어머니!

지금은 어머니를, 동생들을 더 이상 미워하지 않습니다.

그저 그립기만 할 뿐입니다.

당신의 아들
레오나르도 올림

- 해부학 실습의 신선한 충격
- 벌거벗은 남자들의 전투
- 몰래 해부를 시작하다
- 밤마다 '뼈들의 뜰'을 가다

새로운 지식을 창조한 노력

의학과 예술을 융합하다 5

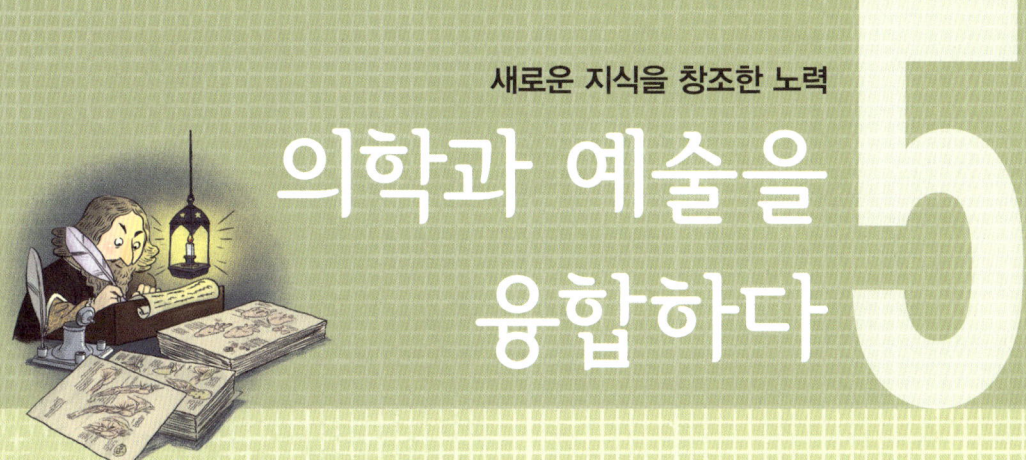

만능인 다빈치에게 쏟아지는 수많은 찬사 중에는 '시대를 앞선 의학자'라는 말이 있어요. 호기심이 많았던 다빈치는 사람의 겉모습을 그리는 일에만 만족할 수 없었어요. 몸속에서 과연 어떤 일이 벌어지고 있는지 알고 싶었지요. 그래서 오랜 세월 동안 사람들의 눈을 피해 몰래 시체를 해부하는 위험을 감수했어요. 다빈치는 이러한 모험 덕분에 진짜 의학자들보다 무려 300년이나 앞서 '동맥경화증'이라는 병의 원인을 알아냈지요. 마음먹은 것은 꼭 실천에 옮기고야 마는 다빈치에 대해 더 자세히 알아볼까요?

해부학 실습의 신선한 충격

"절대로 수업에 방해되지 않게 조심해야 한다. 좀처럼 오기 힘든 기회니, 모두들 눈 똑바로 뜨고 잘 지켜보거라."

베로키오는 공방의 견습생들에게 단단히 일렀어요. 그날은 피렌체 대학에서 해부학 강의가 있는 날이었어요. 공방에 들어온 지 몇 년 된 다빈치에게도 처음 있는 일이었지요. 대학교수들과 친분이 있는 베로키오는 공방 견습생들이 해부학 실습을 참관할 수 있도록 종종 기회를 만들었어요. 해부를 금하는 교회였지만, 대학의 해부학 실습만은 허용했지요.

다빈치는 해부학에 관심이 많았어요. 존경하는 알베르티가 화가는 가능한 한 해부학 지식을 많이 쌓아야 한다고 말했기 때문이지요. 하지만 다빈치가 어렵사리 구한 해부학 교과서는 실망스럽기 그지없었어요. 그림이 하나도 없고 인체 기관과 장기가 어떻게 생겼다는 설명만 적혀 있어서 싱겁기만 했지요. 장황하게 늘어놓은 심장이나 위의 모양을 아무리 들여다봐도 화가에게 무슨 도움이 되는지도 알 수 없었어요. 그래서 다빈치는 그날의 실습을 누구보다 기대하고 있었지요.

대학으로 가는 길은 무척이나 추웠어요. 견습생들이 입은 털옷은 매서운 칼바람을 막아 주기에는 턱없이 얇았어요.

"스승님, 포근한 날도 많은데 하필이면 이 추운 겨울날 실습을 한대요? 시체를 볼 생각만 해도 으스스한데 말이에요?"

얼마 전에 새로 들어온 견습생이 덜덜 떨며 베로키오에게 물었어요.

"겨울이 아니면 시체가 썩어 버리니 그렇지. 금세 파리가 바글바글 꼬일 텐데 썩어 문드러진 시체를 어떻게 해부하겠니? 그래서 해부학 실습은 겨울에만 하는 거란다."

피렌체 대학에 도착한 견습생들은 베로키오의 안내로 실습실로 들어갔어요. 실습실 안도 춥기는 마찬가지였어요. 불을 피워 따뜻하게 난방을 하면 시체가 상하기 때문이었지요.

교회에서 해부를 금지했던 이유

다빈치가 살았던 15세기 유럽에서는 의사가 아닌 사람이 시체를 해부하는 일은 불법이었어요. 당시는 기독교가 세상을 지배하고 있었거든요.

기독교에서는 사람을 하느님의 형상을 본떠 만들어진 신성한 존재라고 여겼어요. 사람의 몸에 칼을 대어 내부를 살피는 일은 하느님의 창조 세계를 범하는 일이라고 여겼지요. 그래서 의사들도 인간의 몸 안에 있는 내장 기관을 연구하기 위해 해부하지는 못했어요.

단, 대학교의 의학과에서만 연구용으로 해부할 수 있었어요. 그것도 일 년에 한 차례 정도만요. 그러니 대학교 의학과에서 일하는 의사도 아닌 화가가 교회의 허락 없이 시체를 가져다 몰래 해부하는 일은 사회에서 완전히 매장당할 수 있는 매우 위험한 일이었어요. 죽은 뒤에도 영원히 지옥에 떨어질 공포를 무릅써야 하는 일이었지요. 하지만 다빈치는 이 모든 위험을 감수하고 시체를 해부했답니다.

다빈치는 해부대 위에 놓여진 시체로 시선을 던졌어요. 하지만 교수들과 학생들이 시체를 빙 둘러싸고 있어서 제대로 보이지 않았어요. 공방의 견습생들은 그들 뒤에 서서 어깨너머로 조용히 지켜보아야만 했지요.

교수가 날카로운 칼로 시체의 몸통을 가르기 시작하자, 실습실 안은 찬물을 끼얹은 듯 조용해졌어요. 그리고 얼마 후 교수가 가슴을 열고 심장을 꺼내 번쩍 들어 올렸어요.

"우욱, 우욱!"

한 학생이 급하게 입을 틀어막고는 실습실을 뛰쳐나갔어요. 견습생들처럼 학생들 중에도 심장이나 간이 어떻게 생겼는지 처음 보는 사람이 여럿 있었지요. 다빈치의 동료들은 차마 나가지는 못하고 구석에서 조용히 헛구역질을 했어요.

파랗게 질린 사람들이 술렁거렸지만, 다빈치는 해부대에서 눈을 떼지 않았어요. 교수가 내장들을 하나하나 꺼내서 설명하는 것을 들었지요. 갈비뼈와 무릎뼈도 보았어요.

그런데 교수는 자기 손으로 직접 해부하고 눈으로 관찰한 결과를 기록하지 않았어요. 꺼내 놓은 장기들을 꼼꼼히 살피기보다는 학생들에게 보여 주는 게 다였어요. 게다가 교수의 설명은 지금 해부한 시체와는 상관이 없었어요. 교수는 갈레노스가 쓴 해부학 책의 내용을 그대로 읊고 있었어

갈레노스

갈레노스(약 129~199년)는 그리스 의학을 집대성한 고대 로마의 의사입니다. 원숭이 해부를 통해 인체에 대한 지식을 쌓았어요. 그의 의학 이론은 르네상스 시대까지 절대적인 영향을 끼쳤고 의학의 성서로 떠받들어졌어요. 그는 인체의 혈관이나 심장에 관한 중요한 발견을 많이 했지만, 그의 의학 이론에는 오류가 많았지요.

요. 그 책은 다빈치도 읽어서 이미 알고 있는 내용이었어요. 3세기에 쓰인 책으로 1,000년이 넘게 최고의 해부학 교재로 칭송받고 있었지요.

다빈치는 불현듯 전에 알베르티와 나눴던 대화가 떠올랐어요.

"갈레노스는 인체 해부란 꿈도 꿀 수 없는 시대에 살았기 때문에 원숭이와 돼지, 개 등 동물을 해부한 게 다였단다. 그는 동물 해부에서 관찰한 사실을 사람 몸에 무리하게 적용할 수밖에 없었지."

"지금은 대학에서 인체 해부학 실습이 이뤄지잖아요. 가끔이긴 하지만."

"레오나르도, 아쉽게도 의사와 교수들은 해부에서 드러난 것을 무시하고 자신이 배웠던 것만을 반복해 가르친단다. 해부학 책을 읽어 보면 알겠지만, 인체 구조에 관한 지식은 전혀 발전이 없어. 결국 해부학 실습을 최대한 많이 참관해 직접 보면서 깨닫는 수밖에 없단다."

다빈치는 그토록 바라던 실습을 직접 보고 있는데도 무엇을 깨달아야 할지 알 수 없었어요. 책의 설명으로만 읽은 내장과 뼈들을 직접 보는 것은 신선한 경험이었지만, 화가에게 해부학이 왜 필요한지는 전혀 알 수 없었지요.

다빈치는 동료들과 공방으로 돌아오면서 혼자 중얼거렸어요.

"심장의 모양을 안다고 그림을 잘 그릴 수 있을까? 기억나는 거라고는 누르죽죽한 시체가 풍기던 고약한 냄새뿐이야. 힘없이 축 처진 시체를 보느니, 건강한 사람의 육체를 보고 그리는 게 도움이 될 것 같은데……."

벌거벗은 남자들의 전투

첫 해부학 실습을 참관하고 온 뒤, 다빈치의 해부학에 대한 관심도 시들해졌어요. 멀찍이 서서 지켜본 해부 실습을 통해 얻은 게 많지 않았기에 해부학 책도 더 이상 흥미를 주지 못했지요.

그러던 다빈치에게 1470년 엄청난 일이 일어났어요. 다빈치는 베로키오의 심부름으로 폴라이우올로 형제가 운영하는 공방을 찾아갔어요. 폴라이우올로 공방은 금은 세공으로 피렌체에서 가장 유명한 공방이었어요. 형제는 뛰어난 세공사이자 조각가였지요.

안토니오 델 폴라이우올로(1431~1498)의 판화 〈벌거벗은 남자들의 전투〉

공방 안으로 들어서던 다빈치는 벽에 세워진 그림을 보고 충격을 받았어요. 온몸에 전기가 흐르는 것 같았지요. 다빈치가 놀란 그림은 열 명의 벌거벗은 남자들을 표현한 판화였어요. 작품을 구성하고 있는 열 명의 남자들은 전투에 열중하고 있었어요. 각각 다섯 명씩 머리띠를 한 그룹과 하지 않은 그룹으로 나뉘어 있었지요. 그들은 두 명씩 대항해 무기를 들고 싸우는 모습이었는데, 그림 속 남자들의 근육질 몸에서는 짙은 땀 냄새가 풍겨 나올 것처럼 생생했어요.

"너는 베로키오 공방의 레오나르도 다빈치구나. 전에 베로키오를 따라 한 번 온 적 있지?"

그림 앞에 멍하니 서 있는 다빈치를 보고 형인 안토니오가 다가왔어요. 하지만 다빈치의 귀에는 안토니오의 말이 전혀 들리지 않았어요.

"저런, 그림에 완전히 정신이 팔렸나 보네. 이 판화는 해부학적 아이디어를 얻으려고 작업한 실험작이야. 다양한 자세를 한 남성의 인체를 연구하고 있거든."

안토니오는 스무 살이나 어린 견습생을 흥미롭게 쳐다보며 말했어요.

"해부학적 아이디어라고요? 해부학이 무슨 상관이에요? 이 그림 속에는 심장이나 맹장 같은 내장은 하나도 안 보이는데……."

문득 정신을 차린 다빈치가 물었어요.

"하하하, 해부학을 잘못 이해하고 있구나. 나는 다양한 자세나 동작을 취하고 있는 순간을 묘사하는 데 관심이 많단다. 그러자면 인체의 근육이 어떠한 구조를 이루고 있는지 알아야 하지. 그래서 대학의 해부학 실습을 여러 번 참관했단다."

"저도 해부학 실습을 한 번 봤지만 얻은 게 별로 없었어요."

다빈치는 실망만 주었던 실습 장면을 떠올리며 웅얼거렸어요.

"나처럼 무엇을 알아야겠다는 뚜렷한 목적이 없어서 그렇겠지."

"저는 그동안 베로키오 스승님의 말씀에 따라 실제 사람을 앞에 두고 열심히 연습했어요. 꼼꼼히 관찰해서 특징을 찾아내는 데 기쁨을 느꼈지요. 하지만 제가 그려 놓은 사람의 몸은 뭔가가 부족해요."

안토니오 델 폴라이우올로의 청동 조각
〈헤라클레스와 안타이오스〉

"레오나르도, 사람의 몸을 그럴 듯하게 모방하는 것은 화가에게 가장 크고 어려운 일이란다. 그리고 해부학적 지식이 없으면 몸과 팔다리, 손가락에 이르기까지 진짜처럼 보이는 작품을 만들기란 쉽지 않지."

"해부학적 지식이라니요? 해부학 책을 봤지만 자연스런 그림을 그리는 데는 도움이 안 됐어요."

"그건 해부학 책에는 안 나오니까 그렇지. 팔을 움직일 때 근육의 모양이 어떻게 변하는지, 머리를 숙이거나 젖힐 때 목 근육은 어떻게 달라지는지 알아야 한단다."

다빈치는 새로운 세계가 열리는 기분이었어요. 안토니오는 흥분으로 가득한 다빈치의 눈빛을 보며 즐겁게 말을 이었어요.

"사람의 팔을 조각으로 빚어내거나 사람의 목이나 손을 그림으로 표현하려면, 살갗의 피부가 어떤 식으로 팽팽하게 당겨지고 근육은 어떻게 부풀어 오르는지 알아 둘 필요가 있단다."

"정말 이런 그림은 처음이에요. 해부학이 왜 화가에게 꼭 필요한지 이제야 알겠어요."

다빈치는 그 후 폴라이우올로 형제의 공방에 드나들며 해부학을 배웠어요. 형제는 알고 있는 해부학 지식을 아낌없이 다빈치에게 풀어놓았지요. 다빈치는 근육이라는 새로운 호기심에 매달리며 공부한 대로 열심히 스케치 연습을 했어요.

그러던 어느 날, 스케치하던 펜을 내려놓고 다빈치가 물었어요.

"두 분이 해부학 실습 내용을 그림으로 세밀하게 남기지 않은 건 참으로 아쉬워요. 그림이 있으면 훨씬 이해하기 쉬울 텐데……."

"내장을 떼어 내고 뼈를 바르는 것을 지켜보며 눈에 새기기도 바쁜데 어떻게 그림을 그리겠니? 더구나 겨우 허락 받아 남의 수업을 지켜보는 입장에서 기다려 달라고 할 수도 없고 말이야."

안토니오가 작품의 뼈대에 찰흙을 붙이면서 말했어요. 하지만 얼굴에는 아쉬움이 가득했지요.

"게다가 대학의 해부학 실습을 참관할 기회가 자주 있는 것도 아니고."

안토니오의 동생인 피에르가 다빈치 옆에 털썩 앉으며 말했어요.

"어깨너머로 지켜보는 것 말고 직접 해부해 볼 수 있다면 좋을 텐데……."

다빈치의 말에 두 형제는 서로 눈을 보며 말없이 대화를 나누었어요. 다빈치는 두 사람이 뭔가 숨기고 있다는 걸 눈치챘지요. 한참을 눈으로만 부산스럽게 대화를 나누던 형제는 결심한 듯 동시에 고개를 끄덕였어요.

"레오나르도, 이건 절대 비밀이다. 소문이라도 나면 우리는 끝장이야. 내가 하는 말을 아무에게도 말하지 않겠다고 맹세하거라."

안토니오의 눈빛은 단호했어요.

"하늘에 걸고 맹세할게요."

"좋아. 피에르와 나는 몇 년 전에 엄청난 일을 저질렀단다. 우리는 지켜만 보는 해부학 실습으로는 더 이상 만족할 수 없었어. 그래서 공동묘지에서 시체를 파내 와 몰래 해부하기로 했지."

"몰래 시체를 해부한다고요?"

다빈치는 저도 모르게 벌떡 일어나 소리를 지르고 말았어요. 피에르가 얼른 일어나 손으로 다빈치의 입을 막았지요.

"누가 듣기라도 하면 어쩌려고 그러니? 우리가 파내려고 한 건 무덤에서 영원한 휴식을 취하고 있는 독실한 교인의 시체가 아니었어. 사형수의 시체였다고."

피에르는 목소리를 최대한 깔고는 조근조근 말했어요.

"그래서 정말 해부해 보셨어요?"

다빈치가 개미 소리만 한 목소리로 물었어요.

"아니, 삽과 곡괭이를 들고 묘지 앞까지 갔다가 결국 돌아왔단다."

"안토니오 형이 겁이 많아서 그래. 개 짖는 소리를 듣자마자 줄행랑을 쳤다니까."

"피에르, 묘지기가 키우는 개의 소리였어. 도망치지 않았다면 들키고 말았을 거야."

다빈치는 안심하며 가슴을 쓸어내렸어요. 하지만 마음 깊은 곳에서는 아쉬운 마음도 들었어요. 직접 해부해 보고 싶은 마음을 이해할 수 있었던 것이지요.

몰래 해부를 시작하다

1489년 4월 2일이었어요. 다빈치는 은밀하게 받은 상자를 들고는 몰래 어두운 지하실로 내려갔어요. 모두가 잠든 한밤중이었지만, 발소리를 죽이고 주위를 살피는 것도 잊지 않았어요.

다빈치는 횃불을 여러 개 켜서 지하실을 환하게 밝혔어요. 횃불이 일렁일 때마다 지하실 벽에 검은 그림자가 춤을 추었어요. 탁자 위에 놓인 상자가 만들어 내는 그림자였지요.

다빈치가 상자를 열자 천으로 여러 겹 싸인 둥그런 물건이 나왔어요. 물건은 돌덩이처럼 무거웠지요. 조심스럽게 천을 풀어내자, 곧 죽은 사람의 머리통이 모습을 드러냈어요. 살인죄를 저질러 참수형을 당한 사형수의 머리였지요.

'죽은 지 얼마 되지 않는데도 냄새가 코를 찌르는구나.'

다빈치는 주머니에서 손수건을 꺼내 코에 둘렀어요. 얇은 손수건은 지독한 시체 냄새를 막아 주지 못했어요. 다빈치는 구역질이 나는 것을 겨우 참으며 칼을 들었어요. 처음 하는 일이라 칼질이 어색했지만, 중간중간 칼을 내려놓고 종이에 기록하는 것을 잊지 않았지요.

뇌와 두개골의 크기를 재고 나서 다빈치는 새로운 사실을 하나 발견했어요.

'코뼈의 깊이와 눈구멍의 길이가 똑같아. 거기다 얼굴 전체 길이의 삼분의 일에 해당하는구나. 직접 해부해 보지 않았다면 몰랐을 거야.'

다빈치는 해부에 빠져 더 이상 냄새를 느낄 수 없었어요. 새벽닭이 울 때까지 해부에 몰두했지요.

이날은 다빈치가 처음으로 직접 해부를 한 날이었어요. 마흔일곱 살이 되도록 다빈치는 해부학에 해박한 사람이나 책을 통해 해부학을 배웠어요. 이따금 지켜볼 수 있었던 대학의 해부학 실습도 도움이 되었지요.

사실 여느 화가들처럼 다빈치도 간이나 쓸개의 생김새에 대해서는 관심이 없었어요. 몸속 깊이 감추어진 내장보다는 근육과 뼈의 구조에 관심이 많았지요. 이에 대해서는 이제까지 쌓은 지식으로도 만족스러웠어요.

하지만 1484년 흑사병이 밀라노를 휩쓸자 다빈치의 생각이 바뀌기 시작했어요. 2년 사이에 몇만 명이나 되는 사람들이 흑사병 때문에 목숨을 잃었어요. 밀라노 시민 세 명 중 한 명은 죽은 셈이었지요.

이 사건으로 다빈치는 생명이 도대체 어디에서 생겨나 어떻게 사라지는지 의심을 품게 되었어요. 몸속의 장기들이 어떤 역할을 하고, 어떤 경우에 문제를 일으키는지 알고 싶어졌지요.

다빈치는 고민 끝에 인간의 몸을 본격적으로 연구하기 위해 직접 해부해 보기로 결심했어요. 그리고 그 내용을 그림으로 그리고 기록하기로 계획을 세웠지요. 하지만 시체를 직접 해부하는 것은 생각보다 어려웠어요. 시체를 구하기가 쉽지 않았기 때문이지요. 그래서 처음으로 해부한 것이 시체의 머리였어요. 머리라도 구할 수 있었던 것은 엄청난 행운이었어요. 교회는 사형수의 시체일망정 의학교수도 아닌 다빈치에게 해부하는 것을 허락하지 않았어요. 공작의 사랑을 받는 예술가라 할지라도 말이지요.

다빈치는 머리뿐인 시체를 해부하고 나자, 온전한 시체를 해부하고 싶은 열망에 휩싸였어요. 몰래 시체를 훔쳐 올까 생각도 해 보았어요. 하지만 교회의 미움을 받으면 화가로 활동하는 것이 어렵기 때문에 포기했지요. 그래서 다빈치가 택한 방법은 죽은 동물을 해부하는 일이었어요. 다빈치는 동물의 시체를 해부하며 뼈와 근육, 내장 기관들을 연구했

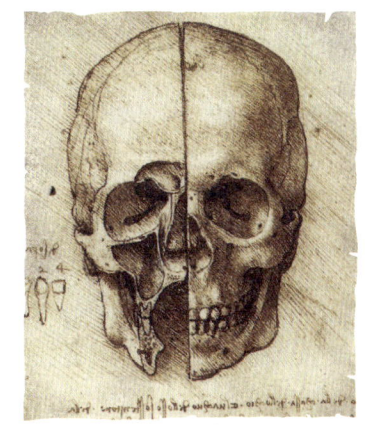

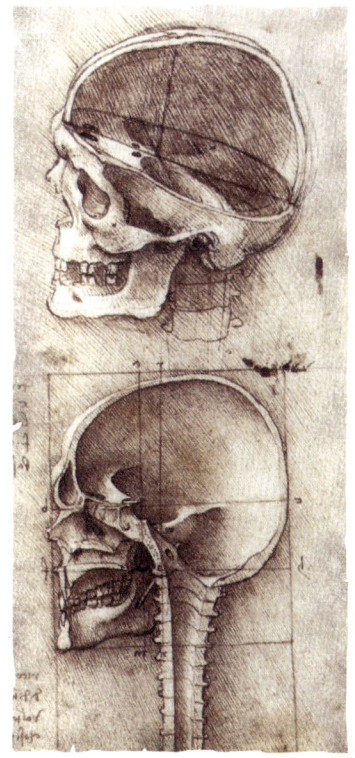

다빈치가 그린 사람의 두개골 외부와 내부의 모습(1489년경)

어요. 10년 가까운 세월을 인체가 아닌 동물 해부에 만족해야 했지요.

다빈치 인생에서 인체를 해부하게 될 두 번째 기회가 피렌체에서 찾아왔어요. 1499년 프랑스 군대가 알프스를 넘어 밀라노를 공격하는 사건이 일어났어요. 이탈리아에서 가장 부유한 도시 국가가 한 달도 채 안 되어 프랑스에 넘어갔지요. 공포에 사로잡힌 스포르차 공작은 밀라노를 버리고 도망을 치고 말았어요.

다빈치는 가져갈 수 없는 것은 팔고, 책과 연구 노트들을 챙긴 짐꾸러미를 노새에 실었어요. 17년간의 밀라노 생활에 이별을 고하는 순간이었지요. 그렇게 다빈치는 1500년 피렌체로 돌아왔어요. 다빈치가 마흔여덟 살 되던 해였지요.

다빈치는 편지로만 안부를 묻던 아버지를 오랜만에 만났어요. 일흔세 살이 된 아버지는 네 번째 부인과 열한 명의 자식에 둘러싸여 살고 있었지요. 아버지는 피렌체 사람들이 다빈치를 대대적으로 환영하는 것을 보고 뿌듯해 했어요. 다빈치를 홀대하던 로렌초는 이미 무덤에 묻히고 없었고, 밀라노에서의 성공은 피렌체까지 소문이 나 있었지요. 다빈치는 더 이상 변변찮은 빈털터리 화가가 아니었어요. 피렌체에 번듯하게 공방도 차렸지요.

1507년, 어느 겨울날이었어요. 공방 주변을 산책하다 근처에 있는 산타 마리아 누오바 병원을 지나게 되었어요. 호기심이 생긴 다빈치는 병원 안으로 들어갔지요.

여기저기 병실을 기웃거리던 다빈치는 걸음을 멈추었어요. 이제까지 다빈치가 본 어떤 노인보다도 나이가 많아 보이는 환자가 침대 위에 앉아 있었어요. 다빈치는 병실 안으로 들어가 환자에게 말을 걸었어요.

"안녕하세요, 어르신. 우연히 지나다 무례를 무릅쓰고 들어왔습니다. 어르신의 연세가 궁금해서요."

"먹을 만큼 먹었지요. 백 살이니까요."

"100년 전에 태어나셨다고요? 대단하시네요. 어디가 안 좋아서 입원하신 건가요?"

"기운 없는 것 말고는 사실 아픈 데가 없어요. 별일도 아닌데 자식들이 걱정을 해서 입원했지요."

다빈치는 노인과 나누는 대화가 즐거웠어요. 노인은 자신이 100년간 겪은 일들을 맛깔스럽게 얘기했지요. 다빈치는 그 얘기에 귀를 기울이며 노인의 모습을 작은 수첩에 스케치했지요.

그런데 노인은 그로부터 몇 시간 후 침대에 앉은 채 생을 마감했어요. 어떤 고통의 흔적도 없이 아주 평온하게 죽었지요. 다빈치는 노인이 이처럼 편안히 죽은 원인을 알아내고 싶었어요. 그래서 병원장에게 달려가 노인을 해부하고 싶다고 말했지요. 다빈치의 명성을 알고 있던 원장은 결국 해부를 허락했어요.

다빈치는 병원의 작업실에서 노인의 시체를 해부하기 시작했어요. 해부를 하는 동안 노인의 혈관이 다빈치의 시선을 끌었어요. 노인의 혈관은 바싹 말라 오그라들고 시들어 있었어요. 혈관을 자세히 살펴본 결과, 다빈치는 동맥의 일부에서 피가 잘 흐르지 않았다는 것을 알게 되었어요.

노인은 동맥경화증으로 죽은 것이었어요. 동맥경화증은 혈관 중에서 동맥이 탄력성을 잃어 피가 잘 흐르지 않을 때 인체의 각 기관에 산소와 영양분을 제대로 공급하지 못해서 생기는 병이에요. 빨리 치료를 하지 않으면 목숨을 잃게 되는 큰 병이지요.

다빈치는 이것을 기록으로 남겼는데, 이는 의학 역사에서 최초의 부검 보고서였어요. 또한 동맥경화증의 원인을 처음으로 알아낸 것이었지요. 이것은 전문적인 의학자보다 무려 300년이나 앞선 발견이었어요.

밤마다 '뼈들의 뜰'을 가다

노인의 해부 이후, 다빈치는 청년 같은 열정으로 해부학에 매달렸어요. 원장이 병원에 작업실을 마련해 주었던 거예요. 하지만 조심하라고 단단히 일렀지요.

"내가 허락했다 해도 고발당할 수 있으니 조심하세요. 의사가 아니라는 걸 트집 잡아 교회에 고발하면 큰일이니까요."

그로부터 얼마 후 저녁을 일찌감치 먹은 다빈치는 조수를 데리고 병원으로 갔어요. 시체를 해부하기 위해서였지요. 산타 마리아 누오바 병원은 200년의 역사를 자랑하는 유럽 최고 병원이었어요. 그래서 중환자들이 많이 찾아왔고, 매일 수많은 사람들이 세상을 떠났기 때문에 시체가 많았어요.

진눈깨비가 구질구질 계속 내려 땅이 질척거렸지만, 다빈치는 방금 세상을 떠난 생생한 시체를 구할 생각으로 조수의 발걸음을 재촉했어요. 두 사람은 병원에 도착하자마자 바로 병원에 딸린 작은 성당으로 갔어요. 잠시 후, 성당 문이 열리고 죽은 사람이 누워 있는 침대가 밖으로 빠져나왔어요. 다빈치는 조수의 등을 떠밀어 '뼈들의 뜰'로 바삐 갔어요. '뼈들의 뜰'은 산타 마리아 누오바 병원의 공동묘지인데, 비가 많이 오면 바닥에서 유골들이 드러나 붙여진 이름이었어요.

병원에서 일하는 인부들이 예배당에서 나온 시체를 '뼈들의 뜰'에 던져 놓고 대충 흙으로 덮었어요. 인부들이 사라지자마자, 다빈치는 잽싸게 시체를 파내 천으로 둘둘 말았지요. 두 사람은 천에 싼 시체를 어깨에 지고 병원 건물 안으로 살금살금 들어갔어요. 한겨울인데도 조수의 이마에는 땀방울이 송글송글 맺혔지요.

그들은 어둡고 긴 복도를 지나 가파른 계단을 내려가 천장이 둥근 방으로 갔어요. 그곳에는 굵은 돌기둥 사이로 돌 수조 세 개가 나란히 있었어요. 바위 덩어리를 깎아 만든 돌 수조는 말도 씻길 수 있을 만큼 컸어요. 다빈치는 수조에 물을 받아서 시체를 꼼꼼하게 씻었어요. 조수는 투덜거리면서 수건으로 시체의 물기를 닦았지요. 다빈치는 깨끗이 닦은 시체를 다른 방으로 옮겼어요. 천장이 나지막하고 창문이 없는 조용한 방이어서 사람들의 눈길을 피해 시체를 해부하기에 딱 알맞은 곳이었어요.

다빈치는 시체를 해부대에 올려놓은 후에 횃불을 몇 개 더 밝혀 방 안을 환하게 했어요. 그리고 해부용 옷을 걸쳤어요. 해부대 한쪽에는 다빈치가 직접 고안해서 만든 도구들이 나란히 놓여 있었지요. 해부대 위의 시체는 이미 배가 많이 부풀어 있었어요. 내장에 있던 미생물들이 번식을 하면서 내놓는 기체들 때문이었지요. 냄새도 아주 고약했어요.

다빈치는 날카로운 칼을 들고 시체를 해부하기 시작했어요. 조수는 입과 코를 두꺼운 천으로 막고 해부를 도왔어요. 하지만 얼마 가지 않아 구석에다 저녁 때 먹은 음식을 죄다 토하고 말았어요. 창문도 없는 방에서 해부를 하고 있으니 그야말로 죽을 맛이었지요. 하지만 다빈치는 코를 찌르는 썩은 냄새를 참으면서 열심히 해부를 했어요. 조심조심 시체의 피부

를 벗긴 후에 피부 안쪽의 근육들을 살폈지요. 그리고 종이에 근육의 구조를 그대로 옮겼어요. 다빈치가 그린 그림을 보면 근육이 팔다리를 어느 방향으로 잡아당기는지 쉽게 알 수 있었지요.

또한 다빈치는 자신의 손톱으로 시체의 혈관과 신경, 힘줄을 조심스럽게 분리했어요. 신경은 잘못하면 금방 끊어지기 때문에 아주 천천히 한 가닥씩 걷어 내야 했지요. 그런 후에 이번에도 종이에 꼼꼼하게 그렸어요.

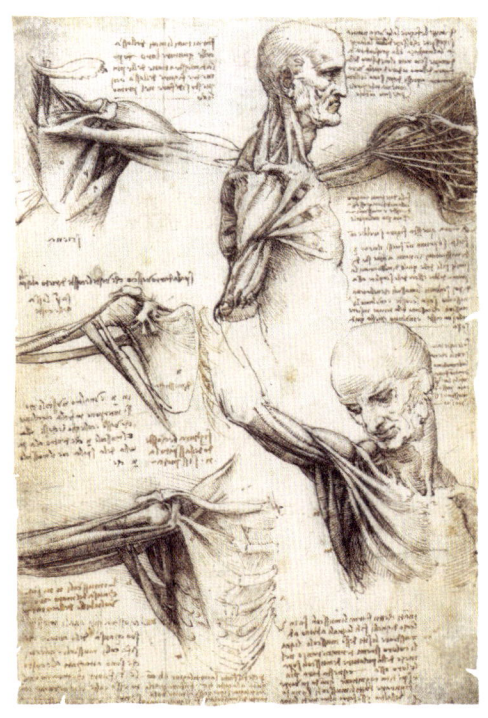

다빈치가 그린 남성의 목과 어깨 근육 스케치(1510년경)

"횃불을 똑바로 들거라! 그러다 머리카락 다 태울라."

꾸벅꾸벅 졸고 있던 조수가 다빈치의 호통에 횃불을 똑바로 들었어요. 그리고 해부하느라 지저분해진 다빈치의 손톱을 보고는 말했지요.

"손톱 밑에 물감이 끼는 것조차 싫어하실 정도로 깔끔하신 분이 이런 걸 신경 안 쓰시는 게 참으로 신기해요."

"모든 일에는 언제나 좋은 면과 나쁜 면이 함께 있는데 어쩌겠니."

다빈치는 이런 일을 몇 번이고 반복해서 했어요. 혈관이나 신경, 그리고 힘줄은 금방 상했기 때문에 좀 더 정확한 모양을 그려야 했지요.

나중에 이때의 어려움을 회상하며 다빈치는 노트에 다음과 같이 기록했어요.

"나는 10구 이상의 시체를 해부했다. 시체는 그렇게 오래 견디지 못하기 때문에 내 지식을 완전하게 만들기 위해 각 단계별로 여러 시체를 가지고 계속 일해야 했다. 차이를 알기 위해서 같은 일을 두 번 되풀이했다. 이렇게 잘라지고 껍질이 벗겨진 무시무시한 시체들과 함께 밤을 보내야 하는 두려움에 질려 일을 중단하고 싶기도 했다."

다빈치의 해부학 노트는 차곡차곡 쌓여 갔고, 사람의 몸에 대한 다빈치의 지식도 깊어졌어요. 드디어 1513년에는 교황의 허락 아래 로마의 산토 스피리토 병원에서 마음 편히 해부할 수 있는 기회를 갖게 되었지요.

교황은 로렌초의 아들인 레오 10세였어요. 레오 10세는 그의 아버지처럼 대단한 예술 후원자였는데, 아버지와는 달리, 다빈치에게 호감을 느껴 그를 로마로 초대했지요.

이제 다빈치는 창문도 없는 어두운 방에서 남의 시선을 피해 해부할 필요가 없었어요. 처음 해부를 시작한 이래, 다빈치는 20년이 넘도록 30구 이상의 시체를 해부했어요. 의학을 연구하는 의사가 한 것보다도 많은 수었어요. 다빈치는 이러한 해부를 통해 1,500장에 이르는 해부학 스케치를 남겼어요. 그 스케치들은 무척 상세하고 솜씨가 좋았어요. 뛰어난 화가인 다빈치만이 남길 수 있는 눈부신 업적이었지요.

하지만 세밀한 스케치들 때문에 다빈치의 해부 작업은 얼마 안 가 마침표를 찍어야 했어요. 다빈치를 돕도록 고용된 조수들이 다빈치가 마술에 빠졌다며 고소했기 때문이었어요. 조수들은 다빈치의 해부 그림들을 보고는 악마를 불러내는 마술이라고 생각했어요. 실제와 똑같은 해부 그림이 당시에는 존재하지 않았기에, 조수들은 불안에 떨었던 거예요.

결국 교황은 다빈치에게 해부를 금지시켰어요. 하지만 다빈치는 죽기 전

레오 10세

아버지인 로렌초의 후광에 힘입어 열세 살의 나이에 추기경에 임명되었으며, 서른일곱 살에 교황에 선출되었어요. 레오 10세는 성 베드로 성당의 건축 기금을 마련하기 위해 돈을 내기만 하면 지은 죄와 죽어서 받을 벌을 면하게 해 준다는 '면벌부'를 판매했어요. 루터가 이에 반발해 종교 개혁을 일으켜 개신교가 생겨나게 되었답니다.

메디치 가문이 배출한 첫 번째 교황인 레오 10세.

까지 해부학 연구를 멈추지 않았고, 동물 해부와 자신이 꾸준히 기록한 기록들을 토대로 연구를 계속했지요.

다빈치는 해부학 연구를 통해 수많은 인체의 비밀을 밝혀냈어요. 그러나 아쉽게도 다빈치의 발견은 세상에 널리 알려지지 않았어요. 사람을 해부한 일이 알려지면 곤란했기 때문이지요. 다빈치의 인체 연구를 아는 사

인체의 치수를 측정해 나타낸

비트루비우스의 인체 비례도

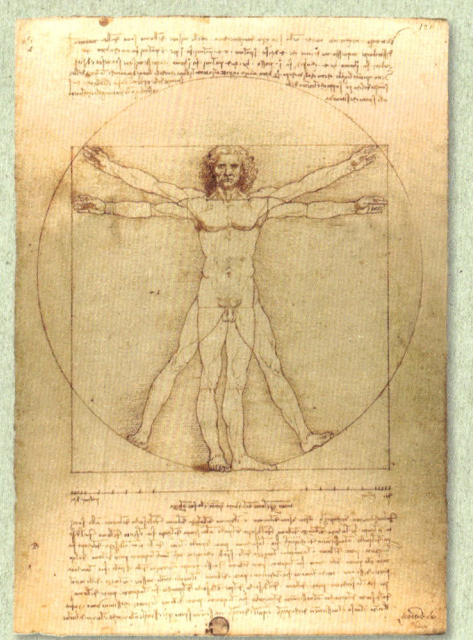

〈비트루비우스의 인체 비례도〉(1492년경)

다빈치는 풍부한 해부학 연구를 토대로 인간의 육체가 가장 아름답다고 생각했어요. 그리고 가장 아름답고 이상적인 신체 비율을 수학과 연결했지요. 이렇게 자신이 이상적이라고 생각하는 육체를 그린 그림이 〈비트루비우스의 인체 비례도〉입니다.

다빈치는 기원전 1세기의 로마 건축가 비트루비우스가 남긴 기록과 자신의 인체 연구를 통해 이 신기한 그림을 완성했어요.

이 그림은 인간의 신체 비율을 이용해 원과 정사각형을 그린 그림이에요. 완전한 도형인 원 안에 인간이 꼭 맞게 들어가 있지요. 자연이 정해 준 인간의 중심은 배꼽이라 배웠기에, 다빈치는 원의 중심을 인간의 배꼽으로 삼았답니다.

람은 극소수에 불과했고, 그들 중에서 다빈치가 한 연구가 얼마나 가치가 있는 일인지 아는 사람도 없었어요. 의학 발전의 신호탄이 될 수도 있었을 다빈치의 연구는 오랫동안 그의 노트에 숨어 있었지요.

다빈치가 해부학에 열중했던 이유는 인간의 몸을 이해하는 것이 자연의 원리를 이해하는 것과 같다고 생각했기 때문이에요. 다빈치는 자연의 원리를 연구하는 과학자의 자세는 예술가에게도 필요한 덕목이라 믿었지요. 위대한 예술 작품은 자연에 대한 이해와 지식이 뒷받침되지 않고는 결코 탄생할 수 없기에, 다빈치는 다음과 같은 말을 했어요.

"과학 지식 없이 적용에만 매달리는 사람은 방향키나 나침반 없이 배에 오르는 조타수나 다름없다."

이처럼 다빈치는 예술과 과학의 상호 작용을 통해 창조 작업을 해 나갔어요. 어떤 학문도 홀로 빛나지 않으며, 서로 영향을 주고받으며 발전한다는 것을 알았던 거지요. 그래서 도전과 경험을 통해 얻은 지식을 융합함으로써 새로운 지식을 창조해 냈던 거랍니다.

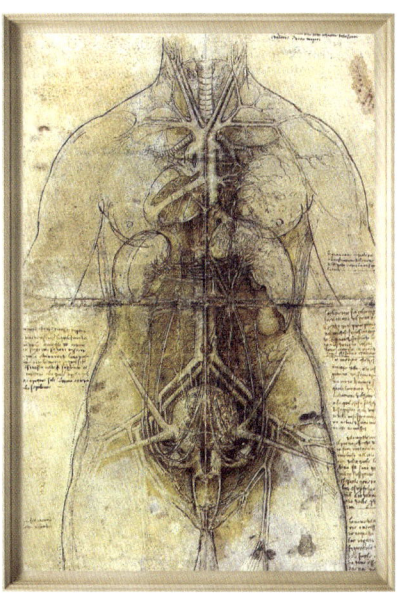

다빈치가 그린 여성의 동맥 체계와 주요 장기 (1508년경)

몸속까지 알고자 했던 다빈치의 끝없는 탐구

심장

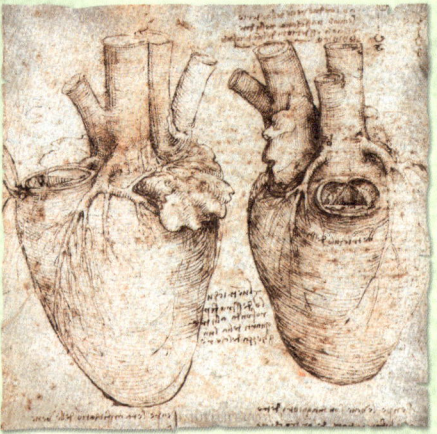

의학자들의 말에 따르면, 다빈치의 심장 해부도는 무척 정확해서 현대의 해부도보다 낫다고 해요. 다빈치는 수축할 때와 이완할 때의 심장과 판막을 그림으로 정확하게 표현하고 각 부분의 위치를 비교했어요. 그의 그림은 현대 해부학 교과서에 넣어도 손색이 없을 정도예요.

사람의 뼈

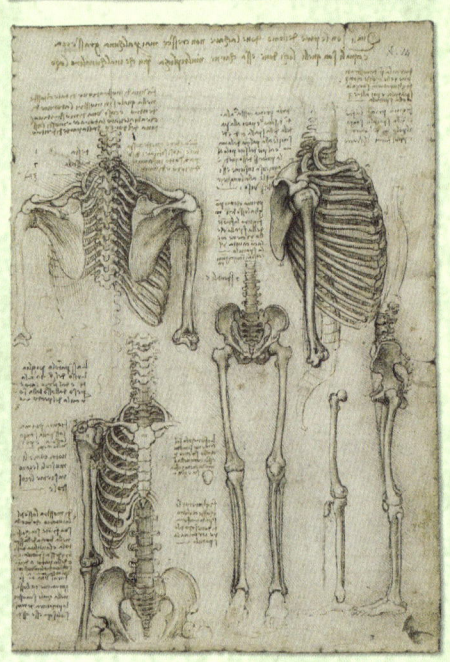

다빈치는 사람의 몸을 이루는 갈비뼈, 가슴뼈, 엉덩이뼈, 다리뼈 등도 자세히 그렸어요. 이렇게 자세한 뼈 그림을 그리기 위해 그는 수많은 시체를 해부해야 했지요. 다빈치는 이런 일을 하면서 인체의 복잡성과 완벽함에 점점 더 놀라게 되었어요. 그래서 "자연의 창조물보다 더 아름답거나 더 성능 좋은 발명품을 만들어 내는 것은 불가능할 것이다."라고 말했지요.

자궁과 태아

다빈치는 세상에서 처음으로 태반에 앉아 있는 태아의 모습뿐만 아니라 반으로 쪼갠 자궁의 모습까지 그렸어요. 태아가 탯줄을 통해 영양을 공급받는다는 사실도 정확하게 알아냈지요. 다빈치는 자궁에서 태아가 성장하는 과정과 어린이의 몸도 자세히 그렸습니다.

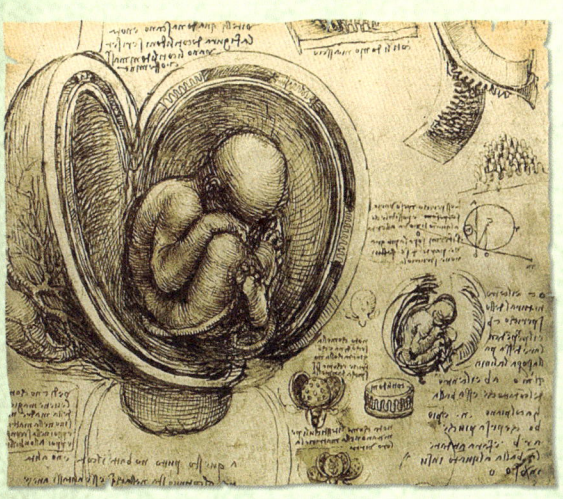

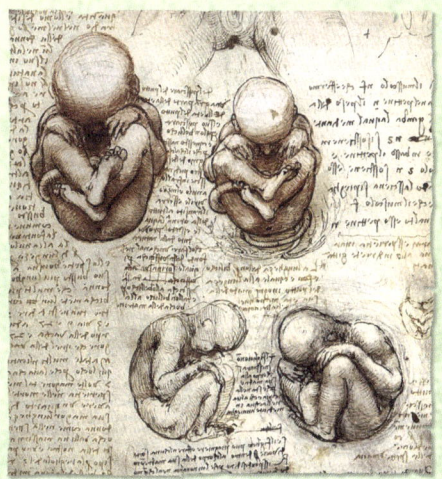

- 다빈치, 과학에 눈뜨다
- 군사 공학자 다빈치
- 포기하지 않았던 하늘을 나는 꿈
- 다빈치의 비밀 노트

과학 기술을 결합시킨 창의력

끝없는 호기심과 실험 정신의 화가 6

다빈치는 화가로 유명하지만, 평생 완성한 작품의 수는 스무 점이 채 되지 않아요. 다빈치가 게을렀기 때문일까요? 사실 다빈치는 지식이 쌓여 가면 갈수록 화가로서보다 과학자로서 기쁨을 느꼈어요. 이런 그의 연구는 8,000여 쪽에 달하는 노트에 고스란히 남아 있어요. 이미 500년 전 비행기, 전차, 잠수함을 생각해 냈던 다빈치의 천재적 창의력은 어떻게 해서 만들어진 걸까요?

다빈치, 과학에 눈뜨다

파올로 토스카넬리(1397~1482년).
이탈리아의 수학자, 천문학자, 지리학자이다.

베로키오 공방 시절, 학문에 눈을 뜬 다빈치를 과학 세계로 이끈 첫 번째 스승은 토스카넬리였어요. 토스카넬리는 피렌체에서 가장 유명한 천문학자이자 지리학자였어요. 베로키오가 피렌체 대성당에 청동 구를 설치하면서 알게 된 학자들 중 한 명이었지요.

다빈치는 박식한 토스카넬리가 공방에 찾아와 스승과 대화를 나눌 때면 그 주위를 맴돌며 대화를 엿듣고는 했어요. 일흔이 넘은 학자는 지치지도 않고 자신의 의견을 펼쳤지요.

그러던 어느 날 피렌체 대학에서 토스카넬리의 강연이 열린다는 소식이 들려왔어요. 다빈치는 열 일 제치고 달려갔지요. 드물게 열리는 강연인지라 강의실은 명성이 자자한 늙은 학자를 보려는 학생들로 바글바글했어요. 다빈치는 슬며시 들어가 맨 뒤 구석에 조용히 자리 잡았지요.

토스카넬리는 나이가 믿기지 않을 만큼 크고 힘찬 목소리로 강연을 시작했어요.

"자네, 우리가 살고 있는 지구가 어떻게 생겼는지 아는가?"

토스카넬리가 맨 앞에 앉아 있는 학생을 손가락으로 가리키며 물었어요.

"그야 당연히 체스 판처럼 평평하게 생겼지요."

학생이 자신 있게 대답했어요. 그 말을 들은 다른 학생들도 고개를 끄덕였어요. 다빈치도 마찬가지였지요.

"글쎄, 과연 그럴까? 지구는 절대로 체스 판처럼 평평하지 않다네. 지구는 공처럼 둥그렇게 생겼지."

토스카넬리의 말에 강의실 안의 사람들은 웅성거리기 시작했어요. 교회에서는 하느님이 지구를 평평하게 창조했다고 가르치고 있었기 때문이었지요. 그래서 지구가 둥글다는 말은 아주 위험한 주장이었어요.

"금세라도 종교 재판관이 들이닥칠까 봐 걱정들 하나 본데, 그럴 일은 없을 걸세. 피렌체 사람들은 지적인 모험가를 좋아하거든. 게다가 메디치 가문과 나는 친구이기도 하고."

사람들의 동요에도 늙은 학자는 우스갯소리를 했어요.

"지구가 둥글다는 주장을 한 사람은 내가 처음이 아니네. 이미 2,000년 전에 지구 구형설을 주장한 학자가 있었지."

"누가요? 처음 들어 보는 말인데요?"

토스카넬리의 질문을 처음 받았던 학생이 흥분한 목소리로 물었어요.

"자네는 고전을 좀 더 공부할 필요가 있군. 그리스의 학자 피타고라스가 처음 주장했네. 그 후 아리스토텔레스는 증거까지 제시했지."

피타고라스나 아리스토텔레스는 워낙 유명했기에 모르는 학생이 없었지만, 그들이 지구 구형설을 주장했다는 것은 알지 못했지요.

"아리스토텔레스는 월식이 일어날 때 달 표면에 비친 지구의 그림자를 관찰하고 나서 피타고라스의 주장이 옳다는 것을 알았지. 자네들도 보름달이 뜬 밤, 월식이 일어나는 장면을 떠올려 보게."

월식은 지구가 달과 태양 사이에 위치해 지구의 그림자에 달이 가려지는 현상을 말해요. 하지만 월식은 물론이고 일식에 대해 사람들은 아직 자연 현상이라는 것을 이해하지 못하던 때였어요. 그래서 일식이 일어나 낮이 깜깜해지면 세상의 종말이 왔다며 벌벌 떨었지요.

학생들이 제대로 이해하지 못하고 있다는 것을 깨달은 토스카넬리는 깊은숨을 내쉬었어요.

"2,000년 전 사람들도 알았던 진리를 아직도 모르고 있다니 한탄스러운 일이야."

"선생님, 저는 어릴 때부터 바다 멀리 나가면 낭떠러지 같은 절벽 밑으로 떨어진다고 들었어요. 실제로 바닷가에 가 보면 저 멀리 수평선 끝에는 아무것도 보이지 않습니다. 바로 수평선 아래에 끝도 없는 낭떠러지가 펼쳐지고 있기 때문이지요."

중간에 앉아 있던 한 학생이 일어나 자신 있는 목소리로 말했어요. 토스카넬리는 수염 하나 없이 말끔한 턱을 쓰다듬으며 대답했어요.

"나는 자네에게 배를 타고 수평선을 넘어가 보라고 하고 싶네. '절대로 낭떠러지가 나타나지 않는다'에 내 모든 것을 걸 수 있어. 자네는 결코 수평선 끝에 다다를 수 없을 것이야. 가도 가도 수평선이 새롭게 나타날 테니까. 그 이유는 바로 지구가 둥글기 때문이지."

토스카넬리는 학생을 보고 방긋 미소를 지었어요.

토스카넬리의 이러한 주장은 1492년 이탈리아 제노바 출신의 콜럼버스에 의해 증명되었어요. 콜럼버스는 토스카넬리의 말을 믿고 서쪽으로 계속 항해한 끝에, 유럽 인으로서는 처음으로 아메리카에 발을 내디뎠지요. 그 후 에스파냐의 항해가 마젤란이 1522년 배로 세계 일주를 해서 지구가 둥글다는 것을 확실히 증명해 보였어요.

다빈치는 토스카넬리의 강연을 듣고 자신이 믿고 있던 세계가 무너지는 소리를 들었어요. 강의 이후 토스카넬리가 쓴 수학, 지리학, 천문학 책을 찾아 읽고 궁금한 점이 생기면 직접 찾아갔지요. 늙은 학자는 열정이 넘치는 다빈치에게 호감을 느꼈어요. 그래서 실험이 있을 때마다 다빈치를 불렀고, 그때마다 다빈치는 기꺼이 달려갔지요. 다빈치는 고대 그리스 과학자들이 쓴 책도 열심히 찾아 읽었어요. 화가로서 가야 할 길을 잊을 만큼 과학을 사랑했지요.

다빈치가 활동하던 15세기는 고대 문화의 새로운 발견이라는 르네상스적 가치가 싹을 틔우던 시기였어요. 하지만 중세적 세계관에서 완전히 벗어난 것은 아니었기에, 사람들은 여전히 기독교 교리에 집착하고 있었어요. 과학적 실험과 새로운 이론을 교회의 권위에 대한 도전으로 받아들였지요. 그래서 아직 자연에 대한 지식은 피타고라스나 아리스토텔레스 같은 고대 철학자의 수준을 넘어서지 못하고 있었어요.

이처럼 축복받은 동시에 암울했던 시기였지만, 다빈치는 고대의 학자들의 도움을 받아 자연의 원리에 접근하는 방법을 찾고자 했어요. 이를 위해 자연을 꾸준히 관찰하고 연구하는 것도 잊지 않았지요. 그래서 다빈치는 스스로를 '자연과 인간의 관계를 해석하는 사람'이라고 평하기도 했어요. 지식을 향한 끈질긴 호기심과 인내심, 투철한 실험 정신이 다빈치를 화가에서 과학자의 길로 이끌었던 거지요.

군사 공학자 다빈치

다빈치가 1482년 밀라노의 스포르차 공작을 찾아갔을 때는 음악가였어요. 하지만 음악을 직업으로 삼고 싶지 않았던 다빈치는 공작에게 자신의 다른 재능을 보여 주고 싶었어요. 그래서 공작에게 자신이 어떤 일을 잘할 수 있는지 편지를 써서 알리기로 했지요.

다빈치는 머리카락을 뜯으며 힘겹게 문장을 짜냈어요.

"시작은 어떻게 할까? 존경하는 공작님께? 아니야, 너무 식상해. 친애하는 공작님께? 이것도 너무 흔해. 첫 줄만 읽고도 마음을 확 끌 만한 말이 없을까? 그래, 가장 빛나는 공작님께로 하자."

겨우 인사말을 쓴 다빈치는 자신이 잘하는 것을 전부 적었어요. 그런데 그 내용이 예술가의 소개서치고는 참으로 특이했어요. 다빈치는 자신의 장점인 그림보다는 무기 개발이나 건축 등 다른 분야의 장점부터 알렸어요. 그리고 맨 마지막에 대수롭지 않다는 듯 그림 솜씨에 대해 말했지요.

가장 빛나는 공작님께

저는 성능 좋은 전쟁 기계를 발명했다고 주장하는 사람들의 기계를 많이 보았습니다. 하지만 그것들은 전에 사용되던 것들과 전혀 다르지 않았습니다. 저는 어느 누구에 대한 편견도 없이, 제 자신의 비밀을 공작님께 말씀드리려 합니다.

첫째, 저는 운반하기 아주 쉽고, 매우 튼튼하면서도 가벼운 다리를 만들 수 있습니다. 이 다리는 몹시 강해서 불에 타지 않고 적을 공격할 때 설치하거나 제거하기도 쉽습니다.

둘째, 저는 성벽을 무너뜨리는 파벽추와 성벽을 타 넘는 사다리, 그리고 이런 종류의 작전을 위한 병기들을 어떻게 만드는지 알고 있습니다.

셋째, 저는 운반이 편리한 구포를 만들 수 있습니다. 이 구포는 비를 쏟아 붓는 것처럼 자갈을 발사할 수 있고, 연기를 길게 뿜어내 적을 공포로 몰아넣을 수도 있습니다.

넷째, 해전이 벌어질 경우 공격과 방어에 효과적인 군함을 만들 수 있습니다. 이 군함은 가장 무거운 대포의 불과 연기, 폭약에도 견딜 수 있습니다.

다섯째, 밀라노가 평화로울 때에는 저의 건축 기술로 공작님을 기쁘게 해 드릴 수 있습니다. 건물을 설계하거나 다른 곳으로 물길을 돌릴 수도 있습니다. 맡겨만 주시면 흠잡을 데 없이 만들겠습니다.

마지막으로 저는 조각을 할 줄 알며, 그림도 다른 사람만큼은 그릴 수 있습니다.

지극히 겸손한 심정으로 공작님께 저 자신을 추천하는 바입니다.

공작님의 기술자가 될 레오나르도 다빈치 올림

게다가 다빈치가 만들 수 있다고 주장한 무기들은 황당하기 그지없었어요. 자신이 다양한 무기를 무궁무진하게 발명할 수 있다고 했지만, 칼과 창을 쓰던 시대에는 상상조차 할 수 없는 기발한 무기들이었지요. 다빈치가 이처럼 자신의 재능 중 군사 기술을 강조한 이유는 공작이 화가보다는 무기 기술자를 더 필요로 한다는 것을 알아차렸기 때문이었어요.

당시 이탈리아의 정치 상황은 매우 불안정하고 혼란스러웠어요. 여러 공국(중세 유럽에서, 큰 나라로부터 '공'의 칭호를 받은 군주가 다스리던 작은 나라)들과 왕국(왕이 다스리는 나라), 공화국(국민이 선출한 대표자 또는 대표 기관의 의사에 따라 주권이 행사되는 나라)들이 끊임없이 음모를 꾸미고 전쟁을 치르던 때였지요. 그래서 막강한 군사력을 갖추기 위해서라면 어떠한 노력도 아끼지 않았지요. 특히, 스포르차 공작은 전쟁에 열광적으로 정신을 쏟는 사람으로 유명했어요.

다빈치는 밀라노 궁정에서 발판을 마련하기 위해 자신의 재능을 팔지 않으면 안 된다는 것을 알고 있었어요. 그래서 군사 공학자나 건축가로서의 미래를 꿈꾸었던 것이지요. 하지만 결국 이 허풍스런 편지는 공작에게 전해지지 않았어요. 다빈치가 보내지 않았기 때문이지요.

"써 놓고 보니 내가 봐도 허무맹랑하기 그지없구나. 공작님이 보면 분명히 나를 미치광이 취급할 거야. 하지만 흥미로운 일이기는 해. 실제로 이런 기계들을 만들어 보고 싶거든. 전쟁은 싫지만, 기계들을 설계하는 건 재미있을 거야."

    그 후 실제로 다빈치는 무기를 발명하기 위해 많은 시간을 바쳤어요. 공작에게 화가로서 인정받게 된 이후에도 전쟁 도구에 대해 열정을 보였지요. 〈최후의 만찬〉을 그리면서 장갑차와 구포를 설계했고, 〈모나리자〉를 그리면서도 잠수함과 자전거를 구상했어요. 다빈치는 손을 쓰거나, 발사하거나, 불을 써서 사용할 수 있는 수많은 무기와 방어 시설 도면들을 스케치 노트에 채워 갔어요.

    다빈치가 설계한 전쟁 무기 중 가장 유명한 것은 장갑차예요. 마치 비행접시처럼 생겼는데, 땅 위를 굴러갈 수 있도록 고안된 수레였어요. 이 기구는 가장자리마다 총구가 밖으로 삐져나온 데다, 덮개에 철갑을 씌워서 적군의 공격을 방어하기에도 탁월했지요. 못을 친 장갑차는 보병과 기마병들 사이에서 대단한 위력을 발휘할 수 있었을 거예요.

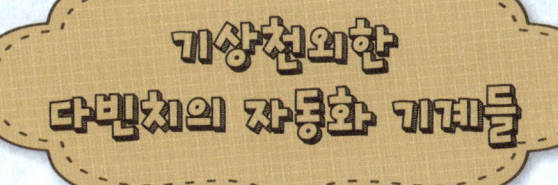
기상천외한 다빈치의 자동화 기계들

다빈치가 설계한 기계의 특징은 인간의 노동을 대신하는 자동화 기계였다는 점이에요. 다빈치가 살던 시대를 생각해 볼 때, 이것은 대단히 놀라운 일이에요. 가장 빠른 속도라고 해 봐야 말이 달리는 속도였고, 수레와 마차가 최고의 운송 수단이었던 시대였기 때문이지요. 게다가 증기 기관이 나오기 300년 전이었지요. 물론 다빈치가 구상한 자동화 기계들은 실제로 만들어지지 않았어요. 그냥 노트에만 남아서 전해질 뿐이지요. 하지만 다빈치가 그 시대의 사람들과는 상당히 다른 방식으로 생각하고 있었다는 것을 알 수 있어요.

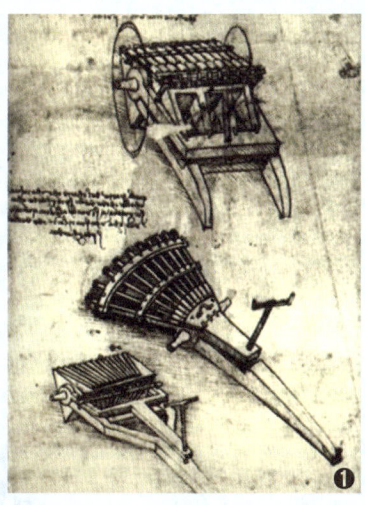

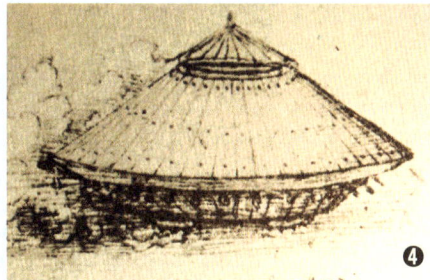
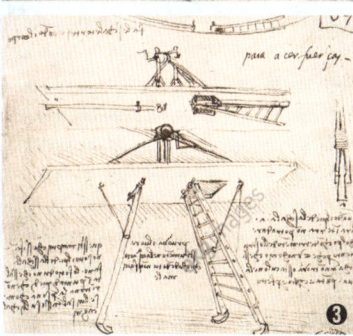

❶ 기관총
❷ 움직이는 낫이 달린 전차
❸ 접어 넣을 수 있는 착륙 장치
❹ 장갑차
❺ 자동차

그리고 다빈치는 포탄이 발사되면 서로 분리되어 폭발하면서 파편이 비오듯 쏟아지는 구포도 설계했어요. 또 보기에도 섬뜩한 낫 전차를 설계하기도 했어요. 사람 키 정도의 시퍼런 낫이 바람개비처럼 빙글빙글 돌아가면, 전차에 접근하는 적군이 무참히 토막 나게 되어 있었지요. 다빈치는 이 낫 전차에 대해 "이 장치는 적군뿐만 아니라 아군에게도 위험하다."라고 경고했어요.

다빈치는 이 밖에도 탑을 포위하기 위해서 화살을 연속으로 발사할 수 있는 석궁, 잠수복, 물을 퍼내는 기계, 성벽을 공격하는 적의 사다리를 격퇴시키는 기술 등을 스케치했어요. 더 나아가 함포를 얹은 군함도 설계했지요.

다빈치는 이러한 전쟁 도구들을 설계했지만 전쟁을 싫어했어요. 훗날 그는 노트에다가 군대의 기계에 깔린 작은 남자들을 스케치하고, '야만적인 어리석음'이라고 적어 놓았어요. 다행히도 다빈치가 설계한 무시무시한 무기들은 그 당시에 실제로 만들어지지 않았답니다.

포기하지 않았던 하늘을 나는 꿈

"내가 가진 가장 오래된 기억이 뭔지 아니? 솔개란다. 그때 나는 요람에 누워 있었어. 그런데 솔개 한 마리가 문득 날아 내려오더니 꼬리로 내 입을 벌리더구나. 그러고는 내 입술을 여러 번 내리쳤지."

다빈치는 그날의 신기한 기억을 평생 잊지 못했어요. 그래서 하늘을 나

는 이카루스 신화 같은
이야기를 좋아했어요.

"자코모, 이카루스라고 들어 본 적
있니? 그리스 신화에 나오는데, 발명가
인 아버지가 만든 날개를 붙이고 하늘로
날아오른 소년이란다. 그 날개는 밀랍으로
새의 깃털들을 붙여 만든 것이었지. 이카루
스는 새처럼 나는 기쁨에 취해, 하늘 높이 올
라가지 말라는 아버지의 경고를 잊은 채 태양 가까이 날
아올랐어. 결국 뜨거운 태양열에 밀랍이 녹아내리면서
바다로 떨어져 죽고 말았지. 나는 이카루스의 마음을 이
해할 수 있어. 하늘을 나는 짜릿한 경험에 빠져 있는 이
카루스에게 아버지의 경고가 들릴 리 없었을 테지."

"그건 신화잖아요. 인간은 결코 하늘을 날 수 없다고
요. 그보다 우선 그림이나 완성하세요. 요즘에는 붓을

〈공기의 흐름을 이용해
활공하는 새〉(1505년).
연속 사진처럼 스케치한
그림에서 다빈치의 관찰
력을 짐작할 수 있다.

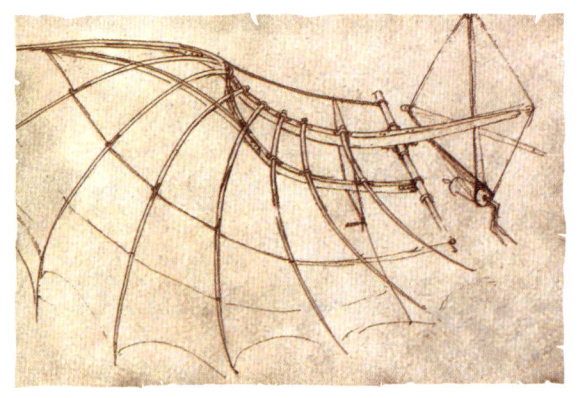

부채처럼 펴지는 날개 스케치(1488년경).
다빈치는 인간이 날기 위해선 박쥐 날개가 가장 효과적일 거라고 생각했다.

잡고 계신 걸 통 못 봤어요. 〈모나리자〉도 벌써 몇 년째 붙들고 계시잖아요."

자코모가 입을 내밀고 뚱하게 말했어요. 하지만 다빈치는 듣는 둥 마는 둥 하며 엉뚱한 이야기를 꺼냈어요.

"인간이 날 수 없는 이유는 날아 보려고 노력하지 않았기 때문이야. 새가 날 수 있는 이유를 알아내면 뭔가 방법이 있을 거야."

1500년부터 피렌체에 머물고 있던 다빈치는 밀라노에서 했던 연구를 다시 시도해 보기로 했어요. 그것은 바로 하늘을 나는 일이었어요. 다빈치는 피렌체 시내가 내려다보이는 언덕에 올라 새들이 나는 모습을 지켜보았어요. 목을 길게 빼고는 새들의 화려한 비상을 관찰했지요.

다빈치는 새의 날개를 연구했고, 깃털의 구조와 기능을 분석했어요. 그리고 새가 날아오를 때와 착지할 때, 공중에 떠 있을 때의 모습과 날개의 움직임 등을 자세히 기록했어요.

다빈치는 수없이 관찰한 끝에 박쥐야말로 가장 이상적인 비행체라는 사실을 깨달았어요. 물론 수많은 새의 기관을 꼼꼼히 연구하고, 나비와 잠자리와 꿀벌의 비행 습성까지 두루 알아낸 끝에 내린 결론이었지요. 그리고 새들이 비행할 수 있는 힘의 근원과 그들의 날갯짓을 해부학적으로 분석한 뒤, 인간도 근육의 힘으로 하늘을 날 수 있다고 확신하게 되었어요.

"새들이 내려앉을 때는 깃털을 촘촘하게 접는구나. 날아오를 때는 펴지고, 착지할 때는 접히는 날개를 설계해 봐야겠어."

다빈치는 이러한 설계를 토대로 1505년 비행 기계를 만들었어요. 나무와 캔버스 천으로 만든 날개는 마치 박쥐의 날개처럼 보였어요.

다빈치는 시험 비행을 위해 제자들과 함께 호수가 내려다보이는 언덕으로 갔어요. 그리고 비행 기계를 자코모의 어깨에 걸었어요. 몸무게는 적게 나가지만 근육이 단단한 자코모가 제격이었지요.

"스승님, 정말 꼭 해야만 하나요? 다시 한 번 생각해 보세요."

자코모는 하얗게 질려 울먹였어요.

"튼튼하게 만들었으니 겁먹지 말거라. 내 이론대로라면 절대로 떨어지지 않을 거야."

하지만 두려워하는 자코모에게는 전혀 도움이 되지 않았어요.

"아, 유서라도 써 놓을 걸 그랬어. 이건 정말 미친 짓이야."

"엄살 그만 부려라. 혹시 추락해도 다치지 않게 호수에서 실험하고 있잖니. 너는 수영 실력만큼은 최고라고 자랑해 왔잖아."

"알았어요. 해 볼게요."

자코모는 울며 겨자 먹기로 대답했어요. 그러고는 마음을 가라앉히기 위해 연거푸 심호흡을 했지요. 다빈치는 그런 자코모를 무척이나 부러운 눈으로 쳐다보았어요.

'내가 지금보다 젊었다면 얼마나 좋을까! 그랬다면 하늘을 나는 최초의 사람이 되는 기회를 포기하지 않았을 텐데……'

"스승님, 이제 준비됐어요. 죽어라 달리면 되는 거지요?"

"내가 알려 준 대로만 하거라. 새처럼 말이야. 자, 출발!"

자코모는 다시 한 번 크게 심호흡을 하고는 힘차게 내달렸어요. 날개를 열심히 펄럭이는 것도 잊지 않았지요. 곧 언덕 끝이 보이자, 발을 힘차게 굴렀어요. 하늘로 솟구쳐 오르는 순간, 자코모는 날개를 쫙 폈어요. 그리고 어깻죽지가 빠져라 위아래로 휘저었지요. 자코모는 바람을 가르고 하늘

로 날아올랐어요. 다빈치는 심장이 멈춰 버리는 것 같았어요. 하늘을 나는 꿈! 세상이 생겨난 후로 누구나 바라던 꿈이 이루어지는 순간이었지요.

하지만 자코모는 눈 깜짝할 사이에 호수로 곤두박질치고 말았어요. 인간의 어깻죽지 힘으로는 새의 날갯짓을 흉내 낼 수 없었던 거예요. 결국 하늘을 나는 일은 실패로 돌아갔어요. 비행 기계는 호수 바닥으로 가라앉아 버렸고, 자코모는 동료의 도움을 받으며 호수 밖으로 힘겹게 걸어 나왔어요.

다빈치는 무척 실망한 표정으로 그들을 바라보았지만 포기하지 않았지요. 재빨리 수첩을 꺼내 이번에는 캔버스 천으로 된 피라미드 같은 모형 기구를 그렸어요. 바로 최초의 낙하산이 될 기구의 설계도였어요.

"이것을 타고 내려오면 아무리 높은 곳에서 떨어져도 다칠 염려가 없단다."

다빈치가 뿌듯한 얼굴로 말했지만, 자코모는 자신에게 닥쳐올 위기를 느끼며 젖은 몸을 부르르 떨었어요.

다빈치는 여러 번의 도전과 실패 끝에 인간이 비행할 수 있는 방법은 날개 동작이 없는 비행이라고 생각했어요. 그래서 날개가 접히지 않도록 고정시키고 날개의 재료와 연결 부위의 움직임 등을 조금씩 개선해 나갔어요. 이러한 과정을 거치면서 다빈치의 날개는 점차 오늘날

다빈치가 그린 최초의 낙하산 스케치

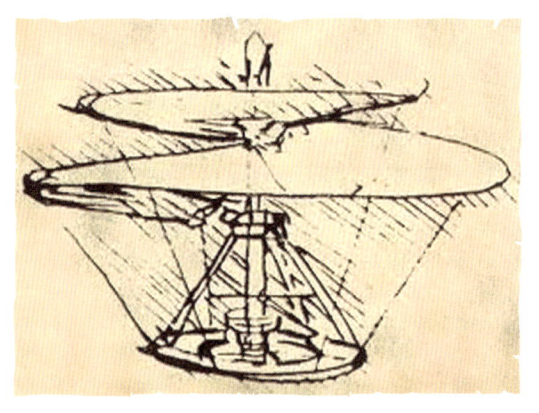
나선형 프로펠러가 있는 다빈치의 헬리콥터 설계도

의 행글라이더에 더욱 가까워지게 되었지요.

다빈치는 비행기구뿐만 아니라 헬리콥터도 설계했어요. 그는 빙글빙글 돌면서 떨어지는 단풍나무 씨앗의 원리를 거꾸로 이용했어요. 수직 상승 기계와 바람개비를 빠르게 돌린다면 나선형 프로펠러가 위로 뜰 수 있지 않을까 추측했던 것이지요.

다빈치는 질기고 성긴 천에 풀을 먹여서 지름 5m의 프로펠러를 설계했어요. 프로펠러의 회전 속도를 조절하면 자유자재로 상승과 하강이 가능할 뿐만 아니라, 심지어 고정된 위치에 머무를 수도 있을 거라고 믿었지요. 다빈치의 이론은 옳았지만, 결과는 참담한 실패였어요. 프로펠러를 힘껏 돌렸지만 동력이 충분하지 않았던 거예요. 사람이 올라탄 헬리콥터가 너무 무거웠던 거지요.

다빈치의 비행 실험은 실패의 연속이었어요. 이 위험하기 짝이 없는 무모한 도전은 결국 좌절로 끝이 났어요. 그러나 그는 연구를 멈추지 않았어요. 언젠가는 하늘을 나는 비밀을 알아내게 될 거라고 굳게 믿었어요. 비록 추락했을지라도 이카루스가 잠시나마 누렸던 하늘에서의 자유를 포기할 수 없었던 거예요.

다빈치의 비밀 노트

다빈치는 17년간 밀라노에 머무르며 스포르차 공작의 기술자로 일했어요. 하지만 밀라노가 프랑스 군대에게 점령당한 뒤에는 피렌체로 떠났지요. 그리고 피렌체에서 화가로 활동하다가 프랑스 왕 루이 12세의 초대로 다시 밀라노로 돌아갔어요. 프랑스가 다스리는 밀라노에서 다빈치는 궁정 화가 겸 기술자로 6년 남짓 일했지요.

그러다 1513년 새로 교황이 된 레오 10세가 다빈치를 로마로 초대했어요. 다빈치는 로마에서 교황의 허락 아래 해부 연구를 계속하는 한편, 오락거리를 제공하며 기술자로 일했어요. 하지만 3년 만에 다시 짐을 꾸려 프랑스로 떠나야 했어요. 프랑수아 1세가 초대했기 때문이지요.

스무 살의 프랑수아 1세는 프랑스 왕위에 오르자마자 1515년에 군대를 이끌고 알프스를 넘어와 이탈리아를 위협했어요. 교황 레오 10세는 재빨리 평화 회담을 주선했고, 이 회담에서 다빈치를 처음 보게 된 왕은 다빈치한테 푹 빠지고 말았어요. 프랑스로 돌아가서도 다빈치를 잊지 않고 다음 해에 초대장을 보내왔지요.

다빈치는 이번 프랑스 여행이 자신의 마지막 여행이 될 거라 생각했어요. 그래서 쓸 만한 것들을 모두 싣고 떠났는데, 짐 중에는 원고와 그림을 담은 커다란 궤짝도 있었어요. 자코모와 하인들, 아끼는 제자도 이 여행에 함께했지요.

프랑수아 1세는 예순네 살의 다빈치를 두 팔 벌려 뜨겁게 맞이했어요. 늙은 예술가에게 아름다운 저택과 넉넉한 돈을 내주며 편히 지낼 수 있게 편의를 봐주었지요. 다빈치의 집은 왕이 사는 앙부아즈 성과 아주 가까웠는데, 두 곳은 터널로 연결되어 있었어요. 왕은 존경하고 흠모하는 예술가를 만나기 위해 터널을 오가며 자주 방문했어요. 두 사람은 밤 깊도록 대화를 나누곤 했지요.

프랑수아 1세를 그토록 매혹시킨 것은 다빈치가 가진 지식의 폭과 깊이, 과학에 대한 이해와 사색이었어요. 왕은 다빈치에게 이제까지 만난 어떤 후원자보다도 최고의 사람이었어요. 프랑수아 1세는 다빈치에게 무엇을 그리거나 만들라는 요구를 하지 않았어요. 그저 명성이 자자한 천재를 가까이에서 지켜보고 싶어 했지요. 왕은 신하들에게 이렇게 말하곤 했어요.

"나는 다빈치의 얘기를 듣는 게 큰 기쁨이네. 다빈치만큼 많은 것을 아는 사람은 없어. 그리고 조각, 회화, 건축에 대해 많이 알면서 위대한 철학자였던 인물은 없었지."

다빈치는 평생토록 꿈꾸던 여유와 안정을 얻게 되자, 밀라노 시절부터써 왔던 노트를 정리하기로 마음먹었어요. 서른 살 남짓한 시기부터 40년간 계속 써 온 노트는 현재 남아 있는 것만 해도 약 8,000쪽에 달해요.

이 노트는 우리가 알고 있는 노트처럼 한 권으로 묶여 있지 않아요. 대부분 낱장으로 된 쪽지들을 그때그때 모아서 각기 다른 천으로 싼 것들이에요. 크기가 큰 종이들도 있지만, 작은 것은 겨우 5cm 정도지요. 이렇게

News

다빈치가 움직이는 사자를 만들다!

1515년 오늘 역사적인 평화 회담이 열렸습니다. 교황이 주선한 이 회담에는 알프스를 넘어와 이탈리아 반도를 공포에 떨게 했던 프랑스 왕 프랑수아 1세가 참석했습니다. 이 회담으로 이탈리아의 동맹국들은 평화가 지속되기를 희망하고 있습니다.

이 뜻 깊은 자리를 기념해 아주 특별한 이벤트가 마련되었는데, 이를 준비한 이는 피렌체가 낳은 위대한 예술가 다빈치 씨였습니다. 다빈치 씨는 기계 장치로 움직이는 사자를 만들어 모두를 놀라게 했는데, 그중 가장 놀란 이는 프랑수아 1세였을 것입니다.

이 기계 사자는 왕을 향해 성큼성큼 걸어가더니 갑자기 가슴을 열고는 프랑스 왕실의 상징인 백합꽃을 뿌려 댔습니다. 큰 감동을 받은 프랑수아 1세는 다빈치에게 찬사를 아끼지 않았다고 합니다.

작은 쪽지들은 다빈치가 늘 허리춤에 차고 다니며 사용했던 작은 수첩의 종이들이 분명했어요.

다빈치는 제자들에게 늘 이렇게 강조하곤 했어요.

"산책할 때 메모할 종이를 갖고 다녀라. 얘기를 나누고, 말다툼하고, 환하게 웃는 사람들의 동작을 자세히 관찰한 다음, 그 종이에 그려라. 다 쓴 종이는 버리지 말고 차곡차곡 모아 둬라. 이것이 쌓일수록 훌륭한 그림을 그릴 수 있다."

다빈치는 자신이 관찰한 것뿐만 아니라 순간순간 번뜩이는 영감을 항상 기록했어요. 그의 독보적인 창의력은 바로 기록하는 습관에서 나왔다고 해도 지나치지 않을 거예요.

다빈치는 이 노트들을 남들이 읽기 어렵게 거꾸로 썼어요. 왼쪽에서 오

나는 평생 '거울 문자'를 썼단다. 거울 문자란 거울에 비친 것같이 거꾸로 된 글씨를 말해.

른쪽으로 써 갔기 때문에 마치 거울에 비친 것처럼 보였지요. 그래서 다빈치의 노트를 읽으려면 거울에 비춰서 봐야 했어요.

그렇다면 다빈치는 왜 이렇게 글씨를 썼을까요? 왼손잡이인 다빈치가 이런 방식으로 쓰는 게 더 쉽거나 빨리 쓸 수 있어서 그랬을지도 몰라요. 아니면 교회의 가르침을 거스르는 연구 내용 때문에 숨기려고 했을 수도 있고요. 여러 가지 이유가 있겠지만, 가장 큰 이유는 자신의 아이디어를 훔쳐 가지 못하게 하기 위해서였어요. 다빈치는 자신이 생각해 낸 훌륭한 결과물을 누군가가 가로챌까 봐 늘 불안해 했어요. 때때로 그는 자신의 발명품이 나쁜 곳에 쓰일까 봐 걱정하곤 했지요.

다빈치가 거꾸로 글씨를 쓴 노트는 놀랄 만큼 그 내용이 방대해요. 채소 요리법, 일상적인 생각들, 우스갯소리, 구입한 물건 목록, 해부도, 건물 설계, 무기 설계, 도서관에서 빌린 책의 구절에 이르기까지 정말 다양하지요. 이 쪽지들은 대부분 그림과 글로 빼곡하게 채워져 있어요. 인간이 살아가면서 가질 수 있는 호기심을 전부 노트에 담아 놓았다고 할 수 있지요.

다빈치는 무슨 연구를 하든 언제나 아이디어를 기록하고 실험한 후, 그 결과에 따라 자신의 생각을 더욱더 굳히거나 바꾸는 방식의 과학적인 방법을 취했어요. "나는 인간의 정신이 파악할 수 없고, 자연의 사건에 의해서 입증할 수 없는 것에 대한 정보는 글로 쓰거나 제시하려고 하지 않겠다."라고 쓴 자신의 말을 지켰지요.

프랑수아 1세는 다빈치가 자신의 궁전에 있는 것만으로 즐거워했지만,

다빈치는 점점 자신이 쓸모없는 존재라고 느꼈어요. 왼팔이 마비되어 그림도 그리지 못하고, 조각도 제대로 할 수 없었어요. 방대한 노트를 정리해 책으로 엮으려던 계획도 진척이 없었지요. 다빈치는 이러한 처지를 슬퍼하며 한숨을 쉬었지요.

"철은 쓰지 않으면 녹슬고, 고여 있는 물은 깨끗하지 못한데다 추워지면 얼어 버리지. 사람도 마찬가지야. 활동을 하지 않으면 정신의 기력이 사라지고 말아."

그렇다고 해서 다빈치가 마냥 자신의 껍질 속에서 웅크리고 있었던 것은 아니었어요. 그는 곧 마음을 추스르고 떨쳐 일어났어요. 다빈치는 의지를 불태우며 수첩에 다짐을 적었지요.

"나는 계속하리라."

다빈치는 그 다짐처럼 떨치고 일어나, 로모랑탱의 궁전을 설계하거나 축제를 기획했어요. 다빈치가 1518년 감독한 축제는 그때까지 프랑스에서 열렸던 축제 중 가장 아름다웠다는 찬사를 받았지요.

하지만 1519년 5월이 되자, 다빈치는 자신의 생명이 다해 간다는 것을 느꼈어요. 그는 노트에 '영혼은 정말 마지못해서 육체와 헤어진다. 이런 영혼의 고통과 슬픔에는 이유가 있다고 생각한다.'라고 적었지요.

다빈치가 아프다는 말을 들은 프랑수아 1세는 한달음에 달려왔어요. 침대에 누워 있던 다빈치는 예의를 차리기 위해 어렵사리 몸을 일으켰어요.

"레오나르도! 이게 무슨 일이란 말인가?"

"저는 그저 제가 왔던 자연으로 돌아갈 뿐입니다. 30년 전 밀라노에 살 때 '잘 보낸 하루가 행복한 잠을 가져다주듯이, 잘 살아온 삶은 행복한 죽음을 가져다준다.'라고 노트에 썼었지요. 후회가 많은 인생이지만, 겸손하게 제 죽음을 받아들이겠습니다."

힘겹게 말을 끝낸 다빈치는 죽음을 알리는 마지막 경련을 일으켰어요. 왕은 가까이 다가가 다빈치를 안고는 그의 고통을 덜어 주려고 애를 썼지요. 다빈치는 그렇게 왕의 팔 안에서 죽음을 맞이했어요. 그의 나이 예순일곱 살이었지요.

다빈치가 죽고 30년 뒤 그의 전기를 쓴 조지오 바사리는 다빈치에 대해 이렇게 말했어요.

"우리는 이따금씩 자연이 하늘의 기운을 퍼붓듯, 한 사람에게 엄청난 재능을 내리는 것을 본다. 이처럼 감당 못할 초자연적 은총이 한 사람에게 집중되어 아름다움과 사랑스러움과 예술적 재능을 고루 준다. 그런 사람은 하는 일조차 신성해서 뭇 사람들이 감히 고개를 들 수 없으니, 오직 홀로 밝게 드러난다. 또 그가 내미는 것들은 신이 손을 내밀어 지은 것과 같아서 도저히 인간의 손으로 만들었다고 보기 어렵다. 레오나르도 다빈치가 바로 그런 사람이다."

바사리의 말처럼 어쩌면 다빈치는 신이 작정하고 은총을 쏟아 부은 천재일지도 몰라요. 아름다운 외모와 매우 뛰어난 두뇌, 다방면에 걸친 재능을 지닌 위대한 천재 말이에요. 그리고 다빈치가 남긴 걸작들과 엄청난 분량의 노트는 이를 실제로 증명해 주고 있지요.

하지만 다빈치는 신이 주신 은총을 앉아서 누리기만 한 게으른 천재가 아니었어요. 자연과 세상의 이치를 깨닫기 위해 끊임없이 고민하고 관찰했으며, 궁금증이 생기면 문제를 해결할 때까지 연구를 멈추지 않았지요.

다빈치는 한 번에 한 가지 연구 분야에만 집중한 경우가 드물었어요. 언제나 예술적 노력과 과학적 노력이 뒤섞여 있었지요. 그는 아침에는 공학, 광학, 수학을 탐구하고, 오후에는 주문받은 작품을 손질하고, 늦은 밤에는 칼을 들고 간을 잘라내거나 근육을 떼어 내 그 구조를 탐구하는 식으로 수많은 날들을 보냈어요.

한 가지 주제에 사로잡혀 있을 때조차도 다빈치의 이러한 방식은 변하지 않았어요. 어떤 주제에 열중하고 있을 때는 달랐지만, 그렇다고 해서 다른 탐구들이 완전히 무시되지는 않았어요. 그래서 인체의 비밀을 밝히려고 노력하고 있을 때에도 다빈치는 자기 관심을 끄는 다른 많은 것들에 대해서도 계속 관찰하고 실험하고 글을 썼어요.

다빈치의 이러한 노력은 여러 분야에서 다른 사람들보다 뛰어난 업적을 남길 수 있게 해 주었어요. 그 결과, 다빈치는 위대한 예술가이면서 과학자이자 발명가가 되었지요.

현대의 발명품이라 할 수 있는 비행기, 장갑차, 낙하산을 500년 전에 이미 스케치했고, 그 상상력은 잠수함, 헬리콥터, 자동차에까지 미쳤지요. 다빈치는 인간이 얼마나 무한한 가능성과 상상력을 지닌 존재인지를 몸소 보여 주었어요. 그가 구상한 수많은 기계들은 다빈치가 사는 시대를 훌쩍 뛰어넘는 것들이었어요. 그래서 지금까지도 가장 닮고 싶은 창의융합 인재의 모범으로 인정받는 거랍니다.

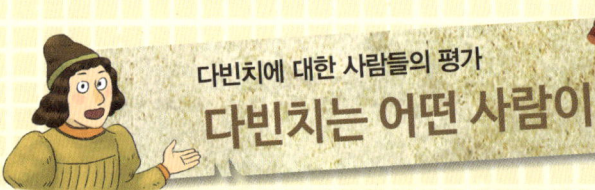

다빈치에 대한 사람들의 평가
다빈치는 어떤 사람이었을까?

 당시 시민들

다빈치는 자연 철학자였습니다.

당시에는 과학자란 용어가 쓰이지 않던 시대였어요. 당시 사람들은 과학자란 말을 알지 못했지요. 과학자란 말을 쓰기 시작한 것은 19세기 초반부터니까요. 어쩌면 다빈치는 스스로를 자연에 대해 알고 싶어 하는 '자연 철학자'라고 불렀을 거예요.

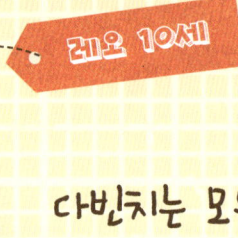 레오 10세

다빈치는 모두를 즐겁게 해 주는 만능 엔터테이너였습니다.

다빈치의 매력, 관대함, 재능은 뛰어났어요. 그는 발명에 대단한 재능을 갖고 있었으며, 아름다움과 우아함, 특히 호화스러운 축제에 관계된 모든 문제를 좌우지한 인물이었어요. 자신이 반주한 류트에 맞춰 놀랄 만큼 노래를 잘 불러서 온 궁정 사람들을 즐겁게 했지요.

주변 사람들

다빈치는 위대한 철학자 플라톤이 환생한 것입니다.

다빈치와 같은 시대를 살았던 사람들은 다빈치의 개성 강한 생김새와 자연에 대한 관심과 차분하고 냉철한 지성, 특이한 장밋빛 복장을 보며 고대 그리스의 철학자 플라톤을 떠올렸어요. 플라톤은 당시 사람들이 모든 세기에 걸쳐 가장 위대한 사상가라고 평가한 철학자였지요.

라파엘로의 〈아테네 학당〉을 보면 확실히 알 수 있어요. 다빈치와 더불어 르네상스를 대표하는 화가인 라파엘로는 피렌체에서 명성이 최고조에 오른 다빈치를 만나 깊은 인상을 받고 〈아테네 학당〉에서 플라톤을 표현하기 위해 다빈치를 선택했어요. 고대의 지혜를 새롭게 상징하는 데 가장 알맞은 인물이 다빈치라고 판단했던 거지요.

라파엘로의 〈아테네 학당〉은 고대 그리스의 철학자들이 한자리에 모여 토론하는 모습을 그린 그림인데, 그림의 정중앙에 있는 두 인물은 고대 그리스의 철학을 대표하는 플라톤과 아리스토텔레스입니다. 라파엘로는 다빈치에 대한 존경심으로 플라톤의 얼굴을 다빈치의 모습으로 완성했어요.

라파엘로 산치오(1483~1520년)의 〈아테네 학당〉

이 책에 실린 도판들

〈걷고 있는 곰〉 레오나르도 다빈치, 1480년경, 메트로폴리탄 예술박물관, 미국

〈꽃 스케치〉 레오나르도 다빈치, 1481~1482년경, 우피치 미술관, 이탈리아

〈피렌체 지도〉 미하엘 볼게무트, 1493년, 뉘른베르크, 독일

〈자화상〉 안드레아 델 베로키오, 1500년, 길드홀, 페루자, 이탈리아

〈고대 전사〉 레오나르도 다빈치, 1472년경, 대영박물관, 영국

〈손 습작〉 레오나르도 다빈치, 1474년경, 윈저 성 왕립도서관, 영국

〈주름 습작〉 레오나르도 다빈치, 1474년경, 루브르 박물관, 프랑스

〈주름 습작〉 레오나르도 다빈치, 1478년경, 루브르 박물관, 프랑스

〈메두사의 머리〉 페테르 파울 루벤스, 1617년경, 빈 예술사 박물관, 독일

〈그리스도의 세례〉 안드레아 델 베로키오, 1472~1475년, 우피치 미술관, 이탈리아

〈폼페이의 초상화〉 작가 미상, 연대 미상, 폼페이, 이탈리아

〈천지창조〉 미켈란젤로, 1508~1511년경, 시스티나 성당, 바티칸시티,

〈토비아스와 천사〉 안드레아 델 베로키오, 1470~1480년, 런던 국립 미술관, 영국

〈아르놀피니 부부의 초상〉 얀 반 에이크, 1434년, 런던 국립미술관, 영국

〈페트라르카〉 작가 미상

〈미의 세 여신〉 작가 미상, 기원전 1세기경, 폼페이

〈미의 세 여신〉 작가 미상, 중세, 토스카나

〈미의 세 여신〉 라파엘로, 1504~1505년, 콩데 미술관, 프랑스

〈성 삼위일체〉 조반니 마사초, 1427년, 산타 마리아 노벨라 성당, 이탈리아

〈천사에 둘러싸인 성모와 아기 예수〉 첸니 디 치마부에, 1285년경, 피렌체 우피치 미술관, 이탈리아

〈봄〉 산드로 보티첼리, 템페라화, 1482년, 우피치 미술관, 이탈리아

〈비너스의 탄생〉 산드로 보티첼리, 1483년경, 우피치 미술관, 이탈리아

〈위대한 로렌초〉 아뇰로 브론치노, 1492년, 우피치 미술관, 이탈리아

〈목 매달린 죄수〉 레오나르도 다빈치, 1479년, 보나 미술관, 프랑스

〈어느 음악가의 초상〉 레오나르도 다빈치, 1490경, 암브로시아나 미술관, 이탈리아

〈루도비코 스포르차의 초상〉 조반니 암브로조 데 프레디스, 1490년경, 트리불지오 카스텔 도서관

〈흰 담비를 안고 있는 여인〉 레오나르도 다빈치, 1488년~1490년, 차르토리스키 박물관, 크라쿠우

〈바위동굴의 성모〉 레오나르도 다빈치, 1483~1485년, 루브르 박물관, 프랑스

〈바위동굴의 성모〉 레오나르도 다빈치, 1495~1508년, 국립미술관, 영국

〈최후의 만찬 스케치〉 레오나르도 다빈치, 1494~1495년경, 윈저 성 왕립도서관, 영국

〈최후의 만찬 스케치〉 레오나르도 다빈치, 1494~1495년경, 아카데미아 미술관, 이탈리아

〈최후의 만찬〉 레오나르도 다빈치, 1498년경, 산타 마리아 델레 그라치에 성당, 이탈리아

〈최후의 만찬〉 안드레아 솔라리, 1520년, 레오나르도 다빈치 박물관, 벨기에

〈최후의 만찬〉 안드레아 델 카스타뇨, 1450년경, 산타 아폴로니아 성당, 이탈리아

〈최후의 만찬〉 도메니코 기를란다요, 1486년, 산 마르코 수도원, 이탈리아

〈모나리자〉 레오나르도 다빈치, 1503~1506년, 루브르 박물관, 프랑스

〈고양이와 노는 아이〉 레오나르도 다빈치, 1480년, 대영박물관, 영국

〈말 습작〉 레오나르도 다빈치, 1490년, 윈저 성 왕립도서관, 영국

〈키우는 말〉 레오나르도 다빈치, 1503~1504년, 윈저 성 왕립도서관, 영국

〈말 습작〉 레오나르도 다빈치, 1504~1506년, 윈저 성 왕립도서관, 영국

〈말과 말 탄 사람〉 레오나르도 다빈치, 1480년, 피츠 윌리엄 미술관, 영국

〈고양이 스케치〉 레오나르도 다빈치, 1513~1515년경 윈저 성 왕립도서관, 영국

〈미소년 스케치〉 레오나르도 다빈치, 1500~1505년경, 우피치 미술관, 이탈리아

〈미청년 스케치〉 레오나르도 다빈치, 연대 미상

〈열 명의 벌거벗은 남자들의 전투〉 안토니오 델 폴라이우올로, 1465~1475년, 루브르 박물관, 프랑스

〈헤라클레스와 안타이오스〉 안토니오 델 폴라이우올로, 1475년쯤, 피렌체 바르젤로 국립미술관, 이탈리아

〈두개골 종횡 단면 스케치〉 레오나르도 다빈치, 1489년, 윈저 성 왕립도서관, 영국

〈사람의 두개골 외부와 내부 모습〉 레오나르도 다빈치, 1489년, 윈저 성 왕립도서관, 영국

〈남성의 목과 어깨 근육 스케치〉 레오나르도 다빈치, 1510년경, 윈저 성 왕립도서관, 영국

〈비트루비우스의 인체 비례도〉 레오나르도 다빈치, 1492년, 아카데미아 미술관, 이탈리아

〈여성의 동맥 체계와 주요 장기〉 레오나르도 다빈치, 1508년경, 암브로시아나 도서관, 이탈리아

〈심장〉 레오나르도 다빈치, 연대 미상, 암브로시아나 도서관, 이탈리아

〈사람의 뼈〉 레오나르도 다빈치, 연대 미상, 암브로시아나 도서관, 이탈리아

〈자궁과 태아〉 레오나르도 다빈치, 1501~1510년, 아카데미아 미술관, 이탈리아

〈자궁 습작〉 레오나르도 다빈치, 1489년, 아카데미아 미술관, 이탈리아

〈자궁 속의 태아〉 레오나르도 다빈치, 1510~1512년, 아카데미아 미술관, 이탈리아

〈기관총〉 레오나르도 다빈치, 1480~1482년, 암브로시아나 도서관, 이탈리아

〈움직이는 낫이 달린 전차〉 레오나르도 다빈치, 1483년, 팔라초 레알레, 이탈리아

〈헬리콥터〉 레오나르도 다빈치, 연대 미상, 암브로시아나 도서관, 이탈리아

〈장갑차〉 레오나르도 다빈치, 연대 미상, 암브로시아나 도서관, 이탈리아

〈자동차〉 레오나르도 다빈치, 1478~1480년, 암브로시아나 도서관, 이탈리아

〈공기의 흐름을 이용해 활공하는 새〉 레오나르도 다빈치, 연대 미상, 로마 국립중앙도서관

〈부채처럼 펴지는 날개 스케치〉 레오나르도 다빈치, 1488년, 암브로시아나 도서관, 이탈리아

〈낙하산〉 레오나르도 다빈치, 연대 미상, 암브로시아나 도서관, 이탈리아

〈나선형 프로펠러가 있는 헬리콥터 설계도〉 레오나르도 다빈치, 연대 미상, 암브로시아나 도서관, 이탈리아

〈아테네 학당〉 라파엘로 산치오, 1510~1511년, 바티칸 서명실, 로마

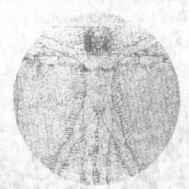
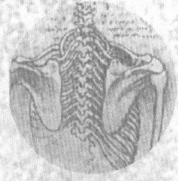